Wer eine bei Kleist entliehene Wort-
kombination entdeckt,...

darf sich etwas einbilden.

Peter Böttger

Die Tiefbundhose

Erlebnisse, Indiskretionen und Ansichten
des ostdeutschen Rentenbeziehers
Klaus-Rüdiger Mützenhausen

Peter Böttger© Januar 2012, Neuauflage Januar 2014
Herstellung und Verlag: Books on Demand Norderstedt
Umschlag und Satz: Autor
ISBN: 978 373 223 41 65

Vorwort des Autors zur 1. Auflage

Weil man ein Buch nicht wahllos oft überarbeiten und erweitern kann, abgesehen vom Pschyrembel oder vom Duden, schicke ich nun meinem PANAMAHUT*, den ich schon zweimal einer Kur unterzogen habe, dieses Bändchen hinterher. Notwendig ist diese Maßnahme, weil ich bisher nicht aufhören konnte, zu beobachten, zu kritisieren und weil dazu immer noch der Drang bestand, die Beobachtungen aufzuschreiben. Ich habe, um bestimmte Typen bildhaft machen, mitunter statt eines feinen Pinsels einen Spachtel benutzt.

Wie kommt es nun zu dem eigenartigen Titel?

Im PANAMAHUT erkläre ich, dass alle Geschichten unter einen Hut kommen sollen. Ich werde aber den Teufel tun, hier zu sagen, ich wolle die neuen Sachen in der Hose sammeln. Nein-nein, der Titel *Tiefbundhose* ist Symbol für das, was mich an Zeitgenossen und Verhältnissen stört. Das Positive wird nicht vergessen, weil das andere dadurch noch deutlicher erscheint. Mit umgekehrter Absicht gehen schöne Mädchen oft mit einer Freundin aus, die kleiner und weniger schön ist. Diese hübschen, raffinierten Luder!

Zunächst einige grundsätzliche Bemerkungen: Der Panamahut ist ein Kleidungsstück und die Tiefbundhose ebenso. Aber es liegen geschmacklich gesehen Welten zwischen ihnen.**) Es gibt auch Träger eines Panamahutes, die sich eine Tiefbundhose anziehen. Deren ästhetisches Empfinden muss in der Nähe des Nabels horizontal gespalten sein, denke ich. Aber zugegebenermaßen gibt es da auch gewisse Zwänge: Den speziellen Hut

trägt man, wenn es warm ist und die Sonne scheint. Zu
eben dieser Zeit ist aber eine Jacke mitunter zu lästig; die
Zone, in der sich Hemd und Hose treffen, tritt zutage.
Handelt es sich nun um eine Tiefbundhose, wird deren
Bund samt Gürtel, die Figur betonend, überdeckt, wenn
nicht gar überrollt, von verschieden starken Schwellun-
gen an der Vorderfront der Träger. Sind solche Schwel-
lungen erst einmal gewachsen, ist es im Allgemeinen für
alle Zeiten vorbei mit einem flachen Bauch. Daher, glaube mir, Leser, schwingt in meinen Betrachtungen auch
Verständnis und eine wenig Mitleid mit.
    Wie kommt es nun zu meinem Stil und wie ist er zu
rechtfertigen?
Ich schreibe diese Texte hurtig und wie es mir passt.
Kein Lektor wird das Konvolut in die Hand bekommen,
weil ich dafür bezahlen müsste. Unbekannte oder spätbe-
rufene Schreiber müssen alle bezahlen, wenn sie so ver-
messen sind, in Felder der Berufsliteraten und Prominen-
ten mit Ghostwriter eindringen zu wollen. Da macht
man sich als Autodidakt schon ein paar Gedanken, tech-
nischer Art. So hatte ich wegen des Mischens unter-
schiedlicher Geschichten und wegen der Nachbarschaft
hintersinniger und ernsthafter Gedanken Zweifel.
A b e r, ich lebe in einer Zeit, in welcher vielerlei Regeln
grundsätzlich nicht mehr beachtet werden. Sie werden
sogar missachtet, wenn ich allein an den Straßenverkehr
denke, oder an das Finanzwesen, oder an die Produktion
von Nahrungsmitteln, oder an den Umgang einiger Politiker untereinander.
Nur der Papst hält noch an seinen Regeln fest. Obwohl
große Teile davon ziemlich überaltert und schon vor

fünfhundert Jahren von einem deutschen Manne verworfen worden sind. - Weiter: Im Internet kommt es wegen nicht existenter Regeln zu Niederträchtigkeiten völlig neuer »Qualität«. Überall Nichtbeachtung, Missachtung, Abschaffung und Fehlen von Regeln. Dagegen ist doch die Frage, ob ich mein Geschichtensammelsurium zwischen zwei Buchdeckel fügen darf, ein Klacks. Wenn einmal alle Regeln wieder von allen Menschen beachtet und eingehalten werden, wird mein Werk natürlich überarbeitet, im Auftrage meiner Testamentsvollstrecker oder fernerer Abkömmlinge.

K.-R. M. im Herbste 2011

Anm.d.Hrgbs.
*⁾ Peter Böttger „DER PANAMAHUT und andere Mitteilungen des ostdeutschen Rentenbeziehers Klaus-Rüdiger Mützenhausen
Verlag Books on Demand Norderstedt ISBN 978-3839-1043-78

**⁾ Der Problemkreis der Damen-Tiefbundhose bleibt hier unbehandelt. Der Produktion erotischer Literatur beabsichtigt sich der Verfasser später einmal zu widmen.

Anm. zur Neuauflage:
Wenn der Papst Erwähnung findet, so ist es jener, in dessen Amtszeit der Hauptteil der Texte entstanden ist, der bayerische Professor. Den Franziskus muss man erst länger beobachten, um Reflexionen auf sein Wirken in ernsthafte Werke, wie dieses hier, einbeziehen zu können.
Die bisher schlimmste Verletzung diplomatischer Regeln und Gepflogenheiten hat der Autor selbstverständlich während abschließender Arbeiten zur Neuauflage registriert. (NSA) Aber wegen des Drucks des Publikums in Erwartung eben dieser Neuauflage sind die Skandale nur oberflächlich behandelt.

Die Tiefbundhose

Damit das von vornherein klar ist; ich besitze einen Panamahut, aber keine Tiefbundhose. Noch ist meine Figur
passabel. Gut, ein bisschen Bauch habe ich schon, aber
der steht mir altersmäßig zu, bei normal geschnittenen
Hosen! Tiefbundhosen präsentieren die Versandkataloge
in verschiedenen Qualitäten. Aber noch nie habe ich
damit ein männliches Model abgebildet gesehen. Die
Werbeleute scheuen sich vor der optischen Wirkung. Sie
vermarkten zwar im Fernsehen Inkontinenz-Artikel, aber
angezogene Tiefbundhosen nicht mal per Foto.
Das sieht selbst denen zu schlimm aus.
    Nun habe ich einmal einen alten Bekannten in seiner
Tiefbundhose ziemlich direkt aufgezogen. Das tat mir
zunächst wirklich leid, zumal ich erfahren habe, welche
Folgen meine Spaß-Attacke hatte. Und wieder einmal
war es der dumme digitale Zufall, dass ich es erfuhr. Der
Mann, dessen Name ich natürlich hier ändere, hatte seinen Ärger über mich einem Freunde mitteilen wollen.
Nun hatte der Teufel die Hand im Spiel. Mein «Karlheinz» muss sich nämlich in den Zeilen seiner Mail-
Adressenliste verirrt haben. Er klickte aus Versehen auf
die meine. Und so erhielt ich zufällig sein Lamento über
mich. Ich habe keine Skrupel, die Geschichte zu erzählen, weil sie am Ende gut ausging und niemand weiß,
wem sie passierte. Und dazu kommt noch, er hat mich
indirekt ziemlich beschimpft. Ein bisschen Rache steht
mir daher zu.
Die Mail lautet:

»Lieber Konrad, neulich wollte ich dir was erzählen, aber da kam der Dings hinzu. Ich erzähl dir die Sache hier. War auf dem Amtsgericht gewesen, aber das hat meine Klage gar nicht angenommen. Na wenn ich schon *Justiz* höre! Der Rechtsanwalt hat gleich abgewinkt. Meine Rechtsschutzversicherung würde gar nicht zu Ende lesen, meinte der. Darum bin ich zum Mediator. Der hielt sich die Hand vorn Mund und hatte Mühe, lautes Lachen zu unterdrücken, als ich die Sache vorgebracht hatte. Zuletzt wendete ich mich an den Friedensrichter in unserem alten Dorf. Du kennst den. Und was sagte der?

›Mensch Karlheinz, der Kerl hat doch Recht. Klar, man kann so was auch anders ausdrücken. Aber wenn ich dich so sehe. Hast ganz schön zugelegt‹, sagte der Alte, griente und haute mir mit seiner knochigen Pfote auf den Bauch. Außerdem wäre er nicht zuständig, weil ich nicht mehr da wohne, sagte er.

Es war so: Ich saß mit meiner neuen Bekannten bei dem Italiener an der Ecke, du weißt schon. Wir hatten fein gegessen, ich rückte näher und sie lachte mich vielversprechend über das große Rotweinglas weg an. Ich habe sie schon lange umworben. Ich sag nicht ›angebaggert‹, weils mir Ernst ist. Vor zwei Jahren ist Ute abgehauen, da wirds nun Zeit für was Neues. Ich bin doch kein alter Mann. Also, an dem Abend hats geknistert. Ich lege gerade meinen Arm um die Schultern meiner Flamme, da kommt einer an, den ich mal auf Zypern kennengelernt hab. Ich sah gleich, dass der mit dieser roten Visage ne ganz schöne Hacke haben musste. Er stutzt, grient und brüllt: ›Karlheinz, ich glaubs ja nich. Mensch, weißt du noch wie wir Sirtaki gelernt haben? Wo ist denn die liebe

Ute? Und du bist bei deiner Entscheidung geblieben, wie man sieht‹.

Ich frage: ›Welche Entscheidung‹?

›Na die Wampe über der Hose zu tragen.‹ Dazu bog sich der blöde Hund vor Lachen. Obwohl das ein Witz mit Bart ist. Ich wollte dem an die Gurgel, aber Luigi hielt mich zurück. Brigitte stand auf und ging. Seither ist sie mir ausgewichen. Der Großkotz war schuld. Heißt Klaus-Rüdiger Mützenhausen und achtet borniert auf beide Vornamen, wenn man ihn anredet. Ich hab schon mal ›Klaus-Bindestrich-Rüdiger‹ zu ihn gesagt. Da wurde der itzich. Nun wollt ich ihn verklagen, find aber keinen Richter. Eine direkte Beleidigung wäre das nicht. Nur weil er nicht ›Bauch‹ gesagt hat. Und dass er meine zarte Beziehung versaut hat, wäre auch nicht justiziabel, wäre nicht nachzuweisen.

Der unverschämte Sack rief mich noch am nächsten Tag an und meinte, ich solls nicht krumm nehmen. Er hätte angeschickert die Situation nicht erfassen können. Ich habe aufgelegt.

Schon damals im Urlaub auf Zypern hat er mir seine Körpergröße genüsslich vorgeführt. Ich bin eben bisschen kurz geraten, na und?!

Was mach ich bloß, hab ich nächtelang gegrübelt. Aber nu höre: Brigitte hat wieder angerufen. Wir sind im Kino gewesen, anschließend beim Inder. Am *Da Luigi* hat sie mich vorbei gezogen. Nun ist alles klar!!! Sie nennt mich ›Knuppel‹.

Erzähl's aber niemand. Tschau Karlheinz«.

Seit dieser Begebenheit habe ich neben den Frauen, die keine Hose tragen sollten, weil sie keine Hosenfigur haben, speziell die männlichen Träger von Tiefbundhosen beobachtet. Übrigens, die Vokabel *Hosenfigur* aus dem Bereich der Damenmoden kennt niemand mehr, weil es vielen Frauen schnuppe ist, ob sie eine solche haben. Die Frage »Hosenfigur, ja oder nein?« wird weder an sich selbst noch von anderen gestellt. Und den Hosenherstellern ist das auch piepe. Hosen für alle; egal ob die Weiber vernünftig aussehen oder wie Blutwürste. - Zurück zur Männerhose: Ich schätze, dass es ein ökonomisches Problem ist, Hosen für großbäuchige Männer zu schneidern, die über dem Bauch schließen, so wie früher. Man braucht dafür viel mehr Stoff. Und dann trugen die damaligen Männer zum Kaschieren ihres Kessels mindestens eine Weste, wenn nicht ein Jackett. Bei der zunehmenden Erwärmung unserer Breiten ist nicht damit zu rechnen, dass das wiederkommt. Wir müssen also in der wärmeren Jahreszeit in der Öffentlichkeit mit den überhängenden Massen, die teils straff sind, größtenteils aber schwabbeln, abfinden. Mehr noch, wir müssen ungewollt die Zurschaustellung von Abnormitäten in der Öffentlichkeit ertragen. Oder?

Der deutsche Tiefbundhosen-Träger ist heute im Durchschnitt 27,5 Jahre alt.

Das dürfte rentenversicherungs-mathematische Fragen aufwerfen, die neue Antworten bezüglich der Alterspyramide und zur wahrscheinlich reduziert wachsenden Rentnergemeinschaft geben.

Die Lösung

Am letzten Sonntag im Juni, kurz nach der Rückkehr von meiner Reise, hatten wir Konzert. Die Ausnahme in unserem Abo der philharmonischen Konzerte war der Beginn um Elf Uhr. Die Dresdener Philharmoniker taten sich mit der berühmten SWR-Bigband zusammen und spielten sinfonischen Jazz von Gershwin, Duke Ellington, Bernstein und anderen. Da es sehr warm war, erlaubte ich mir, keine Krawatte anzulegen. Ich trug schwarze Schuhe, eine schwarze Stoffhose aus feinem Wollzwirn und ein cremefarbenes Jackett mit einem ganz feinen blauen Faden. Mein weiß-hellblau gestreiftes Oberhemd (bei ALDI für unbegreifliche 10,00 Euro erworben, Topqualität!) fügte sich mit seinem formstabilen Kragen sehr schön in mein Sakko. Es korrespondierte mit dem dunkelblauen Einstecktuch. Ich achtete auch wie stets darauf, dass die Manschetten etwa zwanzig Millimeter aus dem Jackenärmel ragten. Martha hatte einen Hosenanzug mit ebenfalls heller Jacke an. Auf dem dunkelblauen Top lag die Perlenkette. Wir sahen gut aus. Weil vorgesehen war, dass wir nach dem Konzert essen gehen würden, wozu wir etwas trinken wollten, fuhren wir mit der Straßenbahn. Wäre unser Selbstbewusstsein nicht so ausgeprägt, hätten wir uns wie vom Mond kommend fühlen müssen. So wurden wir angestarrt, mehr oder weniger lange. Auch diskret sein sollendes Anstupsen der Mitfahrenden war zu beobachten. Man führte uns einander vor. Es widerstrebt mir, die Kleidung der Leute zu beschreiben, die uns als Außenseiter wahrnahmen. Ich bin geneigt, das Wort *Schlamperlook* abzuwandeln, also, das *R* zu ersetzen, aber ich tue es nicht. Vom Postplatz zu Fuß bis zum Kulturpalast erregten wir weniger Aufsehen, weil sich noch andere angezogene Menschen konzentrisch auf den Veranstaltungsort zu bewegten. Aber leider nicht nur solche. Ich streckte gerade den Arm aus, um für Martha die bronzene Schwingtür zu öffnen, da drängte sich ein Mann mit mürrischem Blick dazwischen. Und zwar drängte er mit seiner gesamten Masse, die frei hängend eine Tiefbundhose verbarg. Ich meine, ich konnte aus dem kurzen Winkel von oben her diese Hose nicht sehen. So, als wenn man von Nahem an einer bauchigen Vase entlang nach unten schaut; auch da ist die untere Partie samt Fuß dem Blick verborgen. Erst als der Mann sich im Vestibül entfernte, waren Hose und Gürtel, dieser aber nur hinten, auszumachen. Eine Jacke trug der Mann in der Hand. Da hatte ich eine Vision. Vor meinem geistigen Auge erschienen dicke arabische Männer in heller *Galabia*, manche noch mit einem Kaftan darüber oder gar einen Burnus. Prächtig! Wie wandelnde Monumente sahen sie aus. Vielleicht ist das einmal die Lösung für das Problem westlicher überernährter Männer. Da braucht sich nur ein namhafter Modeschöpfer der Sache anzunehmen. Natürlich würde sein Vorschlag nur angenommen werden, wenn Tiefbundhosen-Träger ästhetisch gesehen zur Einsicht kämen. Ich glaube, ich würde an heißen Tagen sogar selbst in so ein wehendes Gewand schlüpfen. Natürlich rede ich hier nicht etwa der Islamisierung das Wort. Ebenso wenig, wie ich für die Amerikanisierung war, in deren Verlauf sich die Adipositas hier ausbreitete. Unsere Nachkommen werden es wohl eher mit einer neuen Art von Chinoiserie zu tun haben. Ob sie dann alle automatisch schlanker werden?

Ich erwähnte eine Reise. Vielleicht interessiert das jemanden. Weil ich weiß, dass man sich mündlich nicht gegenseitig von Reisen erzählen kann, ohne dass der andere sofort von seiner letzten anfängt oder sagt: »Jaja, kenn ich« und nicht gewillt ist zu zuhören, mach ich es hier. Denn keiner von Euch kann mir ins Wort fallen.

»Kreuz und quer durchs Mittelmeer«

Martha hatte im Frühjahr Bandscheibe. Wir saßen nun mit einer gebuchten Reise da. Ihre Hälfte wurde fristgerecht storniert, meine behielt ich. Meine Frau sagte: »Fahr nur; wer weiß, ob du sonst nochmal dorthin kommst«. Sie meinte das ganz objektiv. Nicht etwa, was man denken könnte.

Ich setzte mich also Anfang Juni in den Bus nach Genua. 23:20 Uhr sollte er kommen, 23:50 kam er zum Dresdner Hauptbahnhof, wo sie alle abfahren. Zwei Fahrer, von denen keiner eine Entschuldigung aussprach. Der jüngere sagte immer nur »ICH«, der ältere sagte so gut wie nichts. Na, dachte ich, der junge mimt den Chef, der ältere denkt sich seins, weil er der mit der großen Erfahrung ist. Die Fahrer stellten sich nur mit Vornamen vor. Ja, ich weiß, das ist so üblich. Ich habe gar nichts dagegen, wenn sie nur nicht daraus ableiten, sie dürften mich in plumper Vertraulichkeit duzen. Es folgte die Angabe des Inhaltsvolumens des zu kleinen Fäkalienbehälters in der Bus-Mitte mit Verweis auf regelmäßige Pausen. Auch die Beschwerlichkeit, in das Sanitärobjekt hinein zu kommen, sich gar darin drehen zu wollen, wurde dargestellt. Nach Hinweisen auf später zu Erklärendes und guten Wünschen fuhren wir los. Ich hatte eine leichte Decke mit und legte sie mir über die Beine, weil ich schlafen wollte. Kaum eingeduselt merkte ich, dass der Bus hielt. Leute stiegen zu. In dem Halbdunkel der Nachtbeleuchtung sah ich einen großen Ballon aus gestreiftem Hemdenstoff auf mich zukommen. Er zwängte sich hörbar an den Sitzen vorbei. Als die Be-

leuchtung endlich anging, war weit oben ein Kopf auszumachen. Der Träger des Ballons sagte, er habe den
Platz am Fenster reservieren lassen. Da hatte auch ein
Zettel gelegen, den ich aber nicht weiter beachtet gehabt
habe. Ich nahm meine Decke zusammen, was er ver-
wundert registrierte, stand auf und ließ ihn ans Fenster.
Er krachte sich dermaßen in den Sitz, dass der Hinter-
mann »Geht's noch?« rief. Der Riese sagte nichts. (Der
Sitz war für die Dauer der Reise ruiniert. Die Lehne ließ
sich nicht mehr nach vorn aufrichten. Die beiden Stoß-
dämpfer waren durchgeknallt. Das führte zu ständigen
Reklamationen des armen Hintermannes.) Nun setzte ich
mich auf den Sitz zum Gang hin. Aber berührungslos
konnte da niemand sitzen, obwohl ich die Mechanik zum
Auseinanderziehen der Sitze erfolgreich betätigte. Seine
ausladende Flanke bedrängte die meine und mehr als ein
Bein bekam ich nicht unter den Vordersitz. Denn er
musste die Knie spreizen um überhaupt sitzen zu können. Ich sagte nichts. Er schniefte und wühlte in einem
Rucksack, der zu dick war, um in die Gepäckboxen zu
passen. Dann legte er sich das Ding auf den Bauch, nicht
auf die Knie, denn auf denen lag ja der Bauch. Ich dachte: »Klaus-Rüdiger, nicht verzweifeln, warte den Tag ab,
dann wird sich ein anderer Platz finden« Als weitere
Leute zustiegen, musste ich aufstehen, weil sie sonst über
mein Bein gestolpert wären.
Endlich waren wir komplett, da legte man die erste Pause
ein. Sofort wurde mein Nachbar mobil, schnaufte und
schob mich beiseite, weil er etwas aus der rechten Hosentasche nehmen musste. Es gelang aber nicht, weil der
Taschenbeutel in der Hauptfalte zwischen Bauch und

Oberschenkel klemmte. Da kam er erst ran, nachdem er aufgestanden war. Ich sah dann draußen seine zerdrückte Zigarettenpackung. Um den Sitz seiner TB-Hose kümmerte er sich nicht, weder vorne noch hinten. Sein kaltsaures Zigarettenaroma nach der Pause einatmen zu müssen, störte mich noch mehr als alles andere. Ich dachte:»Wär' ich doch bei Martha geblieben. Noch nie hat mich das, was ich stets kopfschüttelnd verneine, so in persönliche, ja körperliche, Bedrängnis gebracht«.
Kurz und gut, es fand sich für mich zwischen Ulm und dem Gotthardt-Pass noch ein Innenplatz in der zweiten Reihe rechts hinten. Der Bus war eigentlich überbucht gewesen. Ein Sitz muss ja für den Fahrer in Pause frei bleiben und Reiseleiter wie örtlicher Fremdenführer brauchen zusammen zwei Sitze. Die waren aber besetzt durch ein altes Ehepaar aus Nürnberg. Sie stiegen zur höchsten Verwunderung, aber zum Glück, irgendwo wieder aus. Es war ihnen zu eng, zumal sie sich nicht von einem Rolli trennen wollten, der eigentlich in den Gepäckraum gehörte. Mich würde es interessieren, ob sie mit ihrer Begründung ihr Geld, oder einen Teil, zurückbekommen haben. Nun wurde also durch einiges Umziehen ein Platz frei. Den belegte ich. Es war da hinten wegen des Motors etwas lauter, aber die direkte Umgebung war angenehmer.

Der Reise-Titel »Kreuz und quer durchs Mittelmeer« stapelt hoch, denn die Seefahrt spielte sich nur zwischen Genua, Sardinien, Korsika, Civitavecchia, Neapel und Palermo ab. Westliches und östliches Mittelmeer samt Ägäis und Adria blieben unberührt.

Um Mitternacht verließen wir, wie gesagt, Dresden.

Die Anfahrt nach Genua hatte mein PC-Programm mit 1064 km ab Dresden berechnet. Der aus dem hiesigen Umland stammende Bus hatte in Genua 1865 km auf dem Tachometer, weil eben noch Sachsen, Thüringer, Franken, Schwaben und Bayern abseits der Autobahn eingesammelt werden mussten. Die Vogtländer rechne ich trotz ihrer separatistischen Gesinnung zu den Sachsen. Schon nach neunzehn Stunden waren wir am Hafen-Tor. Doch beinahe wären wir in den Ligurischen Alpen verschwunden gewesen, weil der 2. Fahrer, der weißhaarige, statt nach rechts nach links fahren wollte. Jemand brüllte: »Rechts, rechts! Da stehts doch groß und breit!« Der Fahrer brüllte zurück: »Da steht Genoofa, mir wolln nach Genua«. (Er las *Genova* so.) - »Mensch, das isses doch!« Er kriegte die Abzweigung gerade noch ohne den Pkw auf seiner rechten Seite die Böschung hinab zu drücken. Also nix mit größerer Erfahrung. Er war sonst im Landkreis Schulbusfahrer. Fremdsprachlich, geografisch und landeskundlich erwiesen sich die beiden auch später als völlig unbelastet. Das kann man ihnen nicht verübeln. Aber Reiseveranstalter und Busunternehmer sollten ausschließlich gut geschultes Personal losschicken. Ich hab doch auch gut bezahlt!

Die vor dem *Porto di Genova* warten sollende italienische Reiseleiterin war nicht da. Außer über keine Ahnung verfügten unsere Piloten auch nicht über Papiere und der mit drei Funkgeräten bewaffnete Wächter ließ die anderen Busse an uns vorbeifahren. Nach einigen Handygesprächen des Cheffahrers hüpfte die kleine pummelige Sizilianerin mit unwiderstehlichem Lächeln und lautem

»Buona Sera Signore-Signori« zu uns herein. Ihre unmittelbaren Anweisungen, das Einschiffen und das Abendessen betreffend, brachten uns auf Trab. Beim Aussteigen hörte man Ächzen und Stöhnen, je nach Alter. Giusi, das kommt von Giuseppa, hatte uns ein Boarding-Ticket, also den Fahrschein sowie einen roten und einen grünen »Wautscha« gegeben. Hätte sie aus ihrem angestammten Sprachkreis geschöpft, wären es zwei Buoni oder zwei Bons gewesen. Da sie Jahre in Deutschland verbracht hat, wie sie später erzählte, hätten es auch zwei Gutscheine sein können. Aber nein, sie gab uns zwei »Wautscha« (*Voucher*). Die Leute begriffen allmählich und studierten, welcher für welche Mahlzeit bestimmt war. Das Gepäck kaum in der Kabine, navigierten wir, so schnell es ging, durch das Innere der großen Fähre zur Selbstbedienungs-Cafeteria, die bald schließen sollte. Die Selbstbedienung nahmen wir allerdings nicht ganz selbständig vor, weil nicht alle Speisen am Buffet für uns Pauschaltouris auf dem Wautscha vorgesehen waren. Ich langte nach Salami, da hörte ich die Stentorstimme des Mannes hinter dem Tresen. Er trug eine rote hochgeschlossene Jacke mit goldenen Generals-Schulterstücken und rief: »Musse extra besahlene«! Die Salami hätte ich mir schon leisten können, aber wegen der rüden Ansprache warf ich sie zurück auf die Platte.

Ich konnte vermeiden, dass baumelnde Spagetti rote Pünktchen aus Tomatensoße auf mein Hemd warfen und ging schleunigst nach achtern auf das Freideck, um das Ablegen zu beobachten. Einem Fremden, der neben mir über die Reling guckte, erklärte ich flüssig, wie viel Geld die Reeder heutzutage sparen, weil sie wegen der bordeigenen Seitenstrahlruder keine Schlepper und Bugsierer mehr brauchen. Der Mann hörte alles ruhig an und sagte im Weggehen: »*Merci Monsieur, bon soir*«.

In weiteren Häfen musste ich dann feststellen, dass direkt an der Einfahrt ein Lotse an Bord kam, obwohl der jeweilige Kapitän die Manöver schon 999mal ebenda ausgeführt hatte. Vielleicht beherrsch die *Ehrenwerte Gesellschaft* dieses Geschäft?

Sardinien

In meiner Kabine war der Lüfter unverrückbar auf Maximum eingestellt. Ich schlief trotzdem. Am Morgen hieß es bis 7:00 Uhr das Frühstück einzunehmen. Ich war zeitig da, fand aber eine lange Schlange wartender Passagiere vor. Der Riese saß schon und aß. Es ging so langsam, weil immer wieder das Rührei alle wurde. Gebratener Bauchspeck war noch da. Die überforderten Köche brachten denn auch eine Schnellvariante von Rührei, eine klumpige gelbe Suppe. Die unausgeschlafenen, rot und golden livrierten Burschen aus Bergdörfern der Abruzzen, kostensparend ohne großartige gastronomische Schulung in die Praxis geworfen, empfanden uns sichtlich als störend. Giusi sagte später, eine Linie, die vorwiegend im *Mare Tirreno* agiert, wäre noch schlimmer. Egal jetzt, wir stiegen sowieso in *Porto Torres* auf Sardinien ab. Dort erwartete uns das personifizierte, einen Meter und fünfzig große sardische Temperament in Gestalt einer drahtigen sechzigjährigen Blondine. Bertalda» sprach im Bus engagiert von ihrer Heimat. Aber sie reihte die Worte ohne Punkt und Komma, dazu mit vielen Wiederholungen im immer gleichen Tonfall aneinander, dergestalt, dass meine sympathische Sitznachbarin in der Folge sofort einschlief, wenn Bertalda das Wort ergriff.

Giusi musste ganz still sein. Vor Ort darf nur der lokale *Guida* das Lokale erklären. Wir fuhren in das Städtchen *Alghero*, zum Teil sehr mittelalterlich und pittoresk, was auch auf *Castelsardo* zutrifft. Um vielleicht Erwähnenswertes genauer zu sehen, war die Zeit zu kurz. Nahebei hat die Natur aus Ergussgestein einen überdimensionalen Elefanten geformt. Seinen Rüssel hält er aufgerichtet über die Straße. Dort beim Fotostopp lauern ambulante Händler mit Andenken und Schmuck. Einer hatte nur handgeschmiedete Messer, am Mann zu tragen. Schöne, etwas längere Klingen, die Griffe in echtes Horn gefasst, tragen die Bezeichnung »Vendetta«. Will sagen, sie sind besonders für die Ausführung von Blutrache geeignet. Der Verkäufer war ein lustiger Mensch und wies mich auf braunes Horn hin. Es stamme von Berlusconi. Dazu vollführte er links und rechts von der Stirne her eine Aufwärtsbewegung mit gebogenem Zeigefinger und Daumen. Zur Charakterisierung von »Andschela M ä r k e l« zog er die Mundwinkel nach unten.

Als wir durch die Landschaft über zahllose Serpentinen, durch herrliches Grün und von Riesen hin gewürfelte Steinskulpturen ungeheuren Ausmaßes fuhren, verliebte ich mich in die Insel. Da waren wir noch nicht einmal an die *Costa Smeralda* gelangt, wo der Agha Khan das Land erworben und bauhöhenbegrenzende Regeln für die Schönen und Reichen erlassen hat, die sich da ein

Sommerhäuschen bauen wollen. Dort erst wird das Auge vollends verwöhnt. Zuerst fesselten die überreich blühenden Büsche aus vielfarbigen Wandelröschen und Bougainvillea in Varianten von Blutrot, Purpur, Weinrot und beigemischten Blautönen meinen Blick. Dann bewunderte ich die kunstvoll gefügten Trockenmauern, die unbehauen als Türpfosten aufgerichteten Steinplatten in Mannshöhe, die prächtigen Solitärbäume und Palmen auf saftgrünem Rasen und zuletzt die Villen. Auf die Fußwege braucht man dort nicht zu achten, wie sonst in mediterranen Gemeinden, denn sie sind sehr sorgfältig verlegt. Es gibt nur genormte Höhen.

Mit einer »Bimmelbahn«, so von Bertalda bezeichnet, fuhren wir an den Villen von Putin, Berlusconi, anderen »Größen« und an der Baustelle des zeitgenössischen internationalen Gladiators Lukas Antonius vorbei. Er hat sich mit seinen Extremitäten ein extrem schönes Hang-Grundstück in Fußball-Feld-Größe erkämpft. Von dort hat er den Blick auf das smaragdgrüne Meer, von dem dieses begnadete Küstenstück seinen Namen hat.

Eine der Luxusjachten in der Marina von *Porto Cervo* trug den aus Edelstahl geschnittenen Namen »DON'T ASK«. Da darf man vermuten, dass der Eigner über ganz eigenen Humor verfügt. Schaut er hinter dem verspiegelten Salonschott auf die armen Schweine, die täglich vorbei geschleust werden und gar nicht fragen können, wird er sicher tüchtig lachen.

Ich setzte mich unweit davon zusammen mit einem Paar, von dem noch zu reden sein wird, zu einem Rotwein nieder. Da kam langsam und dumpf röhrend ein offenes Ferrari-Cabriolet gefahren. In Rot natürlich. Kaum hatte der Fahrer die Sicht auf mich verloren, tauchte das Fahrzeug rückwärts rollend wieder auf. Die Begleiterin schwarzhaarig, der Fahrer, die langen, hinten gelockten Haare blondiert, beide knackebraun gebrannt, schauten zu mir her ... und fuhren weiter. Sie mussten mich verkannt haben. Wegen meines großen Kopfes hatten sie mich für einen bekannten Großkopfeten gehalten. Sie konnten wohl nur ahnen, dass ich sie in dem Auto betrachtet hatte, denn auch ich trug meine große tarnende Sonnenbrille. Den Panamahut hatte ich gar nicht mit, weil ich schon wusste, dass dergleichen Luxus nicht in einen vollgepackten Bus gehört. Wider Erwarten war der Rotwein bezahlbar und wir spazierten langsam zum Bus. Die auf vielen Fahrten durchgeschwitzten Sitze und Lehnen hatten ihn in der heißen Sonne mit ihrem zweifelhaften Duft gefüllt.

Das Hotel für die nächsten zwei Übernachtungen war gut. Nach dem Essen komplimentierte man uns ins Atrium, wo bereits getanzt wurde. Zuerst schnappten mich zwei kleine süße Insulanerinnen; wir tanzten zu dritt. Die eine wollte wissen, ob ich immer »due belle Donne« liebte. Mit Brustton sagte ich: »Si, sempre«. Kaum waren die Täubchen lachend weiter geflattert, erfasste mich eine mitreisende Dame und übernahm die Führung, was ich überhaupt nicht leiden kann. Sie reiste mit ihrem Mann, der immer abgesondert von ihr lief und jetzt offenbar schon schlief. Sie wusste es jedoch nicht genau, denn sie hatten getrennte Zimmer. Im Verlaufe der Reise stellten wir fest, dass beide Getränkeleute waren. Auch hier rettete ich mich aus der Situation und fand andere Gesellschaft. Plötzlich spielte man sardische Folklore-Musik.

Sofort formierten sich junge Mädchen, auch Mitarbeite-
rinnen des Hotels, darunter meine beiden Täubchen und
tanzten dazu. In Formation einem schnellen Rhythmus
folgend, drehten sie sich flink von einer Seite auf die
andere und tippten dabei mit den Füßen zierlich im
Halbkreis. Ich schätze, es waren sechzehntel und zwei-
unddreißigstel Notenwerte dabei. Bertalda tanzte mit
und auch die Halbverlassene wollte mitmischen. Ihr Ver-
such war aber völlig untauglich, lächerlich anzusehen,
eigentlich ärgerlich, weil man von den guten Tänzerinnen
abgelenkt wurde. Das ist, als wenn einer aus dem Publikum in der Oper mitsingen würde.

Im Bett hörte ich noch eine Weile die Musik, stand noch
einmal auf, um im späten Widerschein des Abendrotes
den wunderschönen Blick aus meinem Fenster zu fotografieren. Ich dachte mir aus, wie sich Putin hier an einem warmen, ruhigen, golden versinkenden Abend nach
gehabten sibirischen Dienstreisen fühlen muss.

Ich weiß, das mit der »Halbverlassenen« ist ein bisschen böse. Aber diese Frau isolierte sich selbst nach und
nach von den Mitreisenden. Sie sprach in jedes Gespräch
hinein, sagte Sätze wie: »Vulkanismus ist mein Spezialge-
biet.« Oder »Sie können mich auch nach dem Wetter
fragen.«, oder »Heraklit irrte, weil…«. Sie fotografierte
manisch einfach alles, auch aus dem fahrenden Bus heraus. Ein Mann, dem sie auf der ihr gegenüber liegenden
Seite Hände und Kamera unmittelbar vor das Gesicht
hielt, sagte: »Wennse das nochmal machen, beiß ich zu.«
Und immer hatte sie beim Einsteigen den Rucksack auf,
mit dem sie dann beim Drehen irgendjemanden, zumeist
aber ihre Nachbarn, am Kopf erwischte, wenn die schon

saßen. Sie sagte beiläufig, sie sei Bibliothekarin, sie kenne alles. Meine Nachbarin fragte mich, ob ich draußen »Frau Wichtig« beobachtet hätte. – »Wer ist das denn?« - »Na die da.« Ich war froh, dass ich mir nicht schon wieder vorwerfen musste, allein zu hart zu urteilen.

Durch Frau Wichtig komme ich auf das Wort *wichtig* zurück. Da fällt mir nämlich etwas anderes ein: Wenn wir sagen: »Das ist wichtig«, dann ist es mehr oder weniger wichtig. Sagen die Italiener:»Importante«, dann muss der Grad der Wichtigkeit der höchste sein. Nicht nur, dass sie die Hände zum Unterstreichen benutzen, sie genießen die tonale Ausformung jedes einzelnen Lautes in diesem Wort.»I m b o r d a a n t e«, sagen sie, mit einer Fermate auf dem A. Der des Italienischen nicht Mächtige muss daher annehmen, dass es in jedweder Unterhaltung zwischen Italienern um profunde Angelegenheiten geht, denn sie kommunizieren laut, gestenreich und mit sonor geformten Vokalen. Sogar die Konsonanten bringen sie tonhaft zu Gehör. Das führt aber auch zu etwas Vorteilhaftem; man hört niemanden nuscheln.

Wir besichtigten ein NURAGHE. Ich habe den Begriff auch noch nie gehört.

Es handelt sich um ein Menschenbauwerk aus der frühen Bronzezeit. Staunenswert ist die Genauigkeit, mit welcher Natursteine unverrückbar zu einem Turm mit innenliegenden kegelförmigen Räumen ohne Mörtel oder Lehm zusammengefügt sind. Grundrisse des Turmes, des vermeintlichen Kultraumes und der Reste von Wohnhäusern sind alle kreisrund. Bertalda berichtete, dass man über die Leute nichts weiß, lediglich ein paar

kleine Bronzefiguren wären gefunden worden. Adenauer ließ sich für die Arbeit an seinen Memoiren ein kreisrundes Gartenhäuschen bauen, weil er darin besser nachdenken konnte. Vielleicht haben uns die in Nuraghen lebenden Vorfahren nichts Schriftliches hinterlassen, weil sie bei der Denkarbeit im runden Haus zu der Erkenntnis gelangten:
»Der Mensch lernt sowieso nichts aus der Geschichte«.

Bertalda hatte uns ermahnt, keine Pflanzen jedweder Art zur beschneiden. Ich zerrieb trotzdem ein abgezupftes Eukalyptus-Blatt, um den typischen Duft zu genießen. Ein früherer Potentat hat junge Eukalyptus-Bäume nach Sardinien bringen lassen, um die Mückenplagen zu bekämpfen. Die Mücken sollen damals höhnisch gelacht haben.

Bei einer Rast brüllte Bertalda plötzlich hysterisch, weil ein Gast etwas abpflückte.

Im Bus hielt sie uns eine regelrechte Standpauke und nahm alle in Sippenhaft. Sie liebe ihr Land und die Natur, ja jede einzelne Pflanze so innig, dass es ihr körperliche Schmerzen bereite, kämen Leute um Triebe zu sammeln, die in Deutschland sowieso nicht anwüchsen, weil die herrliche Sonne Sardiniens fehle. Wenn alle aus hundert Bussen am Tag etwas entwendeten, wäre die sardische *Macchia* (der Buschwald) bald kahl. – Sie hat sich offenbar noch nie mit Wahrscheinlichkeitsrechnung, Statistik und Chaostheorie beschäftigt.

Eine Weile blieb sie stumm und kam schließlich mit einem Körbchen voller Bonbons von Reihe zu Reihe. Sie nahm das Mikrofon und sagte, sie habe wohl in der ers-

ten Aufregung zu heftig reagiert,
aber sie liebe nun mal ... (Wir hatten gar nicht »da
capo« gerufen.)

Von der Nordspitze Sardiniens, dem Hafen *Santa Teresa
di Gallura* aus, fuhren wir eine gute Stunde auf der Fähre
zu einem Tagesausflug nach

Korsika.

Der südlichste Hafen dort ist *Bonifazio*. Die Einfahrt
ist wunderschön aber eng. Bei Sturm aus West dürften
die Nautiker daher manchmal Manschetten kriegen. Wir
besichtigten die Zitadelle, welche auf einem Felsendorn
steht und die einigen mehrstöckigen Wohnhäusern nur
so viel Platz lässt, dass man sie direkt auf die Bruchkante
50 Meter über dem Wasser baute. Weil der Felsen sich
nach unten einwärts zieht, kann der Bewohner, aus dem
Fenster gebeugt, unter sich nur Wasser sehen. Geologi-
sche Gutachten und wahrhaftes Gottvertrauen ermögli-
chen so etwas.

Wo der große Korse schon einmal als Lieutenant
wohnte, konnten wir in der *Rue de deus Empereur* sehen.
Genau gegenüber in dem Gässchen hatte einige Jährchen
zuvor Kaiser Karl V. genächtigt.
Dann fuhren wir nach *Porto Vecchio*. Tatsächlich *alt* prä-
sentierte sich der Kern des Städtchens wieder auf das
Malerischste. Bezeichnend für die frühere Gastfreund-
lichkeit schien mir das genau über dem gewölbten
Durchgang am Torhaus der Stadtmauer hängende

Scheißhäusel zu sein. Vielleicht war es gar keines, sondern nur für die Abwehr von Unwillkommenen mittels flüssigem Blei oder so gedacht.

Wie die Sarden behaupten auch die Korsen, den schönsten und wertvollsten Schmuck aus Korallen zu schaffen. Und so stand ich überlegend vor mehreren Schaufenstern und dachte an meine Frau. Wird ihr das Korallenrot oder eher das zarte Rosa stehen? Dann schätzte ich das notwendige Maß für eine Kette, denn so schlank wie früher ist ihr Hals nicht mehr. Als ich das Objekt ausgemacht hatte, sah ich, dieses Andenken würde 1995,- Euro kosten. Ich schaute mich um, konnte aber gerade keinen Bankautomaten entdecken. Die Gruppe musste weiter und der Weg führte auch anderntags nicht an solchem Schmuck vorbei. Der scheint übrigens jetzt im Preis angezogen zu haben, weil keine Korallen mehr »geerntet« werden dürfen.

Am nächsten Tag, wieder auf Sardinien, verlebten wir einen schönen Nachmittag in einem Bauernhof der so genannten *Agricoltura*. Lage und Bau, die deftigen Speisen, das Sortiment aus Schinken, Käse, Wurst, Honig zum Mitnehmen waren die eine Attraktion, die andere war der 90-jährige Opa, der Akkordeon spielte. Mit seiner Frau und Bertalda sang er sardische Lieder, die wohl ebenfalls das pralle Leben zum Inhalt hatten, denn die Sänger lachten einander diebisch an. Bertalda griff sich den Wolfgang, wer das ist erzähle ich noch, und der tanzte mit ihr im Seitwärtsgalopp durch die urige Scheune. Sie erhielten herzlichen Applaus.

Auf der Weide des Bauern grasten Esel. Ihr Chef hatte weißes Fell und blaue Augen. Bertalda will für eine Sonnenbrille sammeln; die lichtempfindlichen Augen des Esels müssten geschützt werden; das hat sie gesagt. Sie liebt das Tier, ja alle Tiere so sehr…

Rom

Von dem sardischen Hafen *Olbia* aus ging die Fähre ab nach *Civitavecchia*, also zum Festland. Auf diesem Schiff besaßen wir nur für das Abendessen einen Wautscha. Frühstück konnte gar nicht vorgesehen sein, weil das Ausborden einer Katastrophenübung ähnelte. Die Leute *senza automobile, automobilisti* und *the Passengers by Bus* wurden in mehreren Sprachen hin und her geschickt, von einander abgesondert, abgesperrt und wieder anders kommandiert. So dass gar keine Zeit für nebensächliche Bedürfnisse war. Wahrscheinlich musste die Küchenbesatzung zur Regelung der Regellosigkeit herbei gezogen werden.

Endlich waren wir auf der Pier und bald ließ auch unser Bus die Eisenplatten der Rampe poltern.

Die drei Busse unseres Veranstalters fuhren uns bei *Civitavecchia* zu einem Restaurant, wo dann die 149 Insassen um das schnellste Beladen der Frühstücksteller kämpften. Einer sagte, er fühle sich an FDGB-Ferienheime erinnert. Mehrfach geäußerter Ärger über die verschleppte Weiterfahrt nach Rom konnte nicht zu zügiger Abwicklung beitragen. Unsere touristische Neugier wurde noch mehr ausgebremst, als in der Ewigen

Stadt nahe der Engelsburg eine Dame der römischen Gesellschaft in den verengten Raum raste, den unser Bus beim Links-Abbiegen kurzzeitig erzeugte. Ihr Mercedes klemmte zwischen dem linkseitigen Mittelteil des Busses und einem, noch in der Biege parkenden Kleinwagen. Sie entfaltete große gestische und sprachtechnische Fähigkeiten, um unseren erschreckten 2. Fahrer aus Hoyerswerda sofort einzuschüchtern. Seine in Niederschlesisch vorgetragenen Argumente hörte sie gar nicht an. Während des ersten Streites drapierte sie mehrfach ihr langes schwarzes Haar um, schob die Louis-Vuitton-Sonnenbrille hektisch auf den Scheitel und zurück, nahm die Versage-Handtasche von einem Arm in den anderen, glättete ihren elfenbeinfarbigen Seidenanzug von Dior, tastete nach ihren Klunkern von Bulgari und stellte sich für die inzwischen zahlreich postierten fotografierenden Touristen in Pose. Selbstverständlich telefonierte Sie über ihr Designer-Mobiltelefon mit weitausholendem Arm, damit ihr Teilnehmer die ganze Dramatik auch richtig einschätzen konnte. Ich erkannte sofort, dass sie die Schuld tragen musste, weil ihr rechter Außenspiegel nach hinten geklappt war. Folglich fuhr sie in der Kurve schneller als der Bus. Hinter uns und aus der Seitenrichtung bildete sich augenblicklich ein mächtiger Stau. Unser 1. Fahrer zog eine Warnweste an und wollte den Verkehr regeln, so, wie weiland die Volkspolizei.

Er spielte mit seinem Leben.

Das Hupen allein konnte dauerhaft schädigend sein und die in den Fahrzeugen tobenden Fahrer füllten den verbliebenen Straßenraum auf den Zentimeter genau berührungslos. Ergab sich auch nur die kleinste Lücke,

stoben Rollerfahrer tollkühn hinein. Unsere Rom-
Erklärerin, irgendwo an der Stadtgrenze zugestiegen,
schleuste uns in Grüppchen aus dem Bus auf den Fuß-
steig. Sie schrie, wir sollten überhaupt keine Notiz von
irgendwelchen Fahrzeugen nehmen und einfach losmar-
schieren. Das gelang. Während unsere Fahrer und Giusi
auf die Polizei warteten, begaben wir uns zum nahen
Petersplatz. Der ehemalige Nachbar wollte sich nicht
groß anstrengen und blieb im Bus sitzen.

Natürlich war ich überwältigt von der historischen
Stätte. Die Riesenkünstler der Renaissance vor dem geistigen Auge suchte ich die Dimensionen, die Architektur
und das Schmuckwerk zu erfassen. Ich muss dort nochmal für 14 Tage hin! Die runde rote Porphyrplatte gleich
hinter dem Mitteleingang des Domes nahm ich zuerst ins
Visier. Auf ihr hat Karl der Große bei seiner Kaiserkrö-
nung gekniet. Natürlich war die Kirche damals im Dezember 800 kleiner und nicht barock. In einem winzigen
Augenblick erwischte meine Kamera den Platz ohne
ausgetretene Sandalen oder sonstiges Schuhwerk im Bild.
Eine Frau aus Bautzen wies auf das Glasfenster hinter
dem Hauptaltar hin und sagte, das solle die Sonne sein.
Ich belehrte sie dahingehend, dass die Taube im Zentrum den Heiligen Geist symbolisiere. Dafür sah mich
diese Mitreisende immer hämisch grinsend an. *)

Die Spanische Treppe und die von dort aus schurge-
rade verlaufende *Via dei Condotti*, wo man schnell mal
zehntausend Euro für Schuhe, Anzug, Hemd und Krawatte ausgeben kann; na gut, Socken wären auch noch
dabei, besuchte ich im Eiltempo.
Den Trevi-Brunnen, wo gerade Straßenbaumaßnahmen

liefen, kannte ich bereits als DDR-Bürger vom Hören her aus der Sinfonischen Dichtung *Le Fontane di Roma* von Ottorino Respighi. Den wiederum kannte Giusi überhaupt nicht. (Martha sagt, ich solle mir das Testen von Personen endlich abgewöhnen; Recht hat sie.)

Das Forum Romanum, die Engelsburg, das Pantheon, die Thermen des Caracalla, das Kolosseum und anderes muss ich mir andermal genauer angucken, denn wir sahen das Meiste nur vom fahrenden Bus aus. Irgendjemand soll bei der Gelegenheit gesagt haben: »Hm, hier ist ja alles kaputt«.

»Etwas von Religion zu wissen, ist wichtig für das Verständnis von Kunstwerken«, sagte Nike Wagner im Spiegel 29/2011

Minus mal Minus ergibt Plus

Nun erst einmal zu jenen Paar, mit dem ich zusammen in *Porto Cervo* auf Sardinien Wein getrunken hatte. - Es war am Anfang der Reise. Ich unterhielt mich mit meiner Nachbarin. Sie war auch 75 und hieß Gertje. (Es hat friesische Vorfahren gegeben.) Wir bemerkten am Rande, dass Giusi etwas ansagte oder erzählte. Ich musste meinen Satz zu Ende bringen. Da wendete der große direkt vor mir sitzende Mann den Kopf, soweit es Atlas und Dreher bei ihm zuließen und fragte, ob wir das Sprechen bitte einstellen könnten. Ich fragte meine Nachbarin: »Wo kommt der denn her«? Sie zuckte mit den Schultern. – Noch am gleichen Tag kam ich irgendwo mit diesem Mann und seiner Frau an einen Tisch zu sitzen. Er sagte etwas Launisches, sie gab Kluges von sich, ich lieferte eine Pointe, beide lachten und er wendete sich mir direkt zu, um mir ein Kompliment zu machen. Ich sagte darauf: »Also hören Sie, ich verzeihe Ihnen hier und jetzt Ihren Anschiss von heute Morgen«. Er schaute zu seiner Frau und fragte: »Ach der war das«? – »Ja«, sagte sie. Ihr Lächeln dabei war verschmitzt. Ich merkte nun, dass er eine stark eingeschränkte Sehkraft hat. In der folgenden Zeit konnte ich sehen und hören, mit welch tapferer, ja heiterer Haltung sich dieser hochgebildete Mann in sein Schicksal fügt. Als Wissenschaftler kann er sich nicht mit dem Altersrentner identifizieren und arbeitet weiter bei seinem alten, zeitlebens einzigen, zwar umgewandelten Arbeitgeber, dem er 115 Patente beschert hat. Mit seiner Hilfe konnte das sozialistische Lager bereits multispektral im Weltraum fotografieren. Wir drei amüsierten uns gut und stießen mehrfach kräftig an. Die beiden, Margit und Wolfgang (der Tänzer s.o.) wurden mir auf der Reise zu Freunden. Seine erste E-Mail kam mit dem Betreff »Minus mal Minus ergab Plus«.

Neapel

Wird man durch die Straßen der äußeren Stadt gefahren, tut man besser, etwas zu lesen. Hart; aber wenn man sich vage an Goethes oder Chateaubriands Schilderungen erinnert, kommt es durch den Vergleich zu solchen Sarkasmen. Ich sah allerdings die Innenstadt und die Gegend am Wasser nicht, auch keine Einkaufsstraße. Sicher hätte es mir dort besser gefallen.
Unser Hotel lag auf der Halbinsel Sorrent und so mussten wir auf schmalen und steilen Straßen die südöstliche Flanke des Golfes berumpeln. Der späte Abend gestattete wenigstens manche Sicht auf die Lichterketten weit weg über dem Wasser. Bei Capri war die Sonne längst im Meer versunken; wir sahen aber die Silhouette der Insel noch. Oft hielt der Bus, um die Richtung zu peilen oder das Rangieren in einer engen Kurve einzuleiten. Die prall blühenden Oleanderbüsche streiften ständig unsere Fenster, und Wäsche hätten wir bequem von den Balkonen nehmen können, wären Öffnungen da gewesen.
Die Hotelbesatzung des *Piccolo Paradiso* in *Massa Lubrense* empfing uns trotz erheblicher Verspätung freundlich. Lasagne und Spagetti, gegrillte Tomaten, Auberginen und Zucchini in Olivenöl, das Übliche eben, alles nicht abgestanden. Ich reservierte zwei Plätze für

meine Freunde, bestellte großes Wasser und eine Flasche Rotwein. Aber die Erschöpfung veranlasste die beiden, sich sofort ins Bett fallen zu lassen. In meiner Weinflasche verblieb trotzdem nicht mehr viel. Auch hatte ich Giusi zu einem Glase eingeladen. Sie erfasste die Gelegenheit und fragte mich vertraulich, wer denn meckere. Da hätte ich viel zu tun gehabt, nee nee. Dann nahm sie ihr Handy, um mit Familie und Verwandtschaft auf Sizilien zu telefonieren. Mit Rücksicht auf mich verließ sie den Tisch. Der Oberkellner, sicherlich auch schon Opa, flirtete mit zwei reiferen Damen meiner Gruppe am Nachbartisch und ich sagte zu ihm, ich wäre erstaunt, dass er, Omar Sharif, hier bedienen würde. Da flippte der alte Gigolo schier aus und rollte albern mit den Augen. Sogleich wollte er mit der Jüngeren spazieren gehen. In alten Italien-Filmen hatte ich das schon früher so gesehen.

Am nächsten Morgen fuhren wir nach dem Kofferladen, welches eine anstrengende Tätigkeit für die Fahrer ist, die gestrige Strecke zurück. Bei Tage war das leichter. Große steil ansteigende Olivenhaine links und rechts; die Auffangnetze lagen gebündelt um die Bäume, noch von der letzten Ernte.
Wir näherten uns dem Vesuv.
Man konnte seine oberen Konturen wegen Bewölkung nicht sehen, aber jeder hat ja ein Bild davon im Kopf. Oben, etwa 30 Gehminuten unter dem Gipfel war es ungemütlich feucht. Ein blöder Mensch mit schwarzglänzender Fettfrisur ritt mehrmals auf einem zierlichen weißen Araber an den Bussen und Buden vorbei, tum-

melte das Pferd, nur um Eindruck zu schinden und jagte es bergan, bis es auf dem glatten Pflaster ausglitt und lang hinschlug. Ein mitreisender älterer Sachse sprach mir aus der Seele, indem er sagte: »Dem müsste man die Fresse polieren«. Das arme Tier lahmte und der Angeber saß trotzdem auf. Vesuv, hm; mehr ist bei mir nicht hängen geblieben. Halt, eine auf den jüngeren Lava-Straßen vielfach blühende kniehohe, dem Baldrian verwandte Pflanze fiel mir mit ihren crem-lila Dolden auf. Sie ist eine Pionierpflanze.

Neapel konnte man von oben nicht sehen. Giusi vertröstete uns mit Hinweis auf den unvergleichlichen Ätna.

Mehr als entschädigt wurden wir in Pompeij. Die Führerin war eine Schwäbin, aber schon über dreißig Jahre in Neapel verheiratet. Kompetent erklärte sie das Unglück von 79, die Lage der Stadt und Ergebnisse der Ausgrabungen. (Jeder kann das nachlesen.) Wer sich auf die Lupanare gespitzt hatte, wurde enttäuscht. Die Urlaubsbilder in den Puffs von damals werden gerade restauriert.

Die Schwäbin sagte, dass in der Kaserne der Gladiatoren die Überreste einer vornehmen Dame gefunden wurden. Die Dienste der Jungs wären eben vielfältig und begehrt gewesen.

Ich fügte ein, neuere Forschungen hätten ergeben, der Gladiator neben ihr sei lediglich ihr Fitnesstrainer gewesen. Sie bedankte sich bei mir mit Abklatschen und meinte, sie würde das in den nächsten Vortrag einarbeiten. Wolfgang rief, sie solle aber die Quelle angeben, weil der Spruch gerade wegen vieler Plagiate trendy war.

Sizilien

Am nächsten Tag kamen wir mit Sonnenaufgang in Palermo an. Ich will nicht auf den Fahrern herumhacken, aber die Suche nach dem Hafen in Neapel war grauenhaft verlaufen. Das war weggeschlafen und Sizilien empfing uns am Pfingstsonntag freundlich. Die reizvolle westliche Flanke Palermos bildet der *Monte Pelegrino*. Goethe schrieb: »Seine schöne Form lässt sich mit Worten nicht beschreiben«. Da will ich es lieber gar nicht erst versuchen. Aber an dieser Stelle schreibe ich bei ihm und anderen ab: Die Schatten sind in Süditalien und auf Sizilien blau, bläulich oder so.
Wer sehen kann, der sehe selbst.

Nach dem Frühstück in einem Hotel begrüßte uns der zuständige Experte. Er war wirklich einer, kunsthistorisch und allgemein gebildet. Er trug pointiert, ironisch, witzig und sprachlich korrekt vor. Ein silberhaariger gebräunter mittelgroßer Typ, der sicher das Ergebnis der Mischung unterschiedlichster Völker darstellt, die auf Sizilien eine Rolle gespielt haben. Er machte zwischen den Sätzen Pausen und verlieh damit seinen Aussagen noch mehr Gewicht. Sein Vorname ist Gandolfo, aber, fügte er hinzu, er habe kein Kastell. Wir verließen Palermo und fuhren nicht weit in südwestlicher Richtung an der Nordflanke der *Goldenen Muschel*, einem weiten agrarisch begünstigten Talkessel, immer bergwärts. Gandolfo gefiel sich in dem Wortspiel, »Die Orangen in den großen Plantagen schimmern in der Sonne, regnet es zu lange, dann s c h i m m e l n sie«.
Es ging nach Monreale. Das könnte *Königsberg* heißen.

Wanderer, kommst du dorthin, so lerne von Roger II., dem Normannenherrscher, was Toleranz unter den Religionen ist. Er ließ im 12. Jhdt. Araber an Dom und Kloster das bauen, was sie gut konnten, ließ Byzantiner die Mosaiken fertigen, ließ Griechen und Lombarden in Marmor und anderem Gestein arbeiten und alle zusammen schufen etwas Einmaliges. Die 240 Säulenkapitelle des Umganges im Kloster sind alle Unikate und bildhauerisch das Feinste jener Zeit. Von Roger kündet übrigens auch der Krönungsmantel in der Schatzkammer der Wiener Hofburg. Der trägt eine arabische Umschrift am Saum. Etliche deutsche Kaiser zelebrierten mit ihm.

An einer Marmorsäule des Domes von Palermo, wo wir wieder hinfuhren, ist sogar eine Sure des Korans zu lesen. Sie ruft zu Liebe, Toleranz und zur Achtung vor allen Menschen auf.

Aber wie lange macht sie das schon?

Die religionsphilosophischen Betrachtungen des Gandolfo wurden von einem studierten Paar aus Dresden als »Missionierung« aufgefasst. Die Frau hat es mir selbst gesagt. Ich wusste gegen diese geistige Enge und Intoleranz auf die Schnelle nichts zu sagen. Ich wundere mich nur, dass es Menschen gibt, die immer noch an den uniformierten Denkvorschriften der Kreis-Parteischule festhalten!

Unser Cicerone führte uns zu Fuß durch die Altstadt von Palermo. Da steht Kaiser Karl V. auf hohem Sockel und hält die rechte Hand in Hüfthöhe ausgestreckt. Er habe gesagt: »Bei euch liegt ja der Müll sooo hoch«, behauptete Gandolfo. Neben anderen Sehenswürdigkeiten zeigte er uns auch den sogenannten *Brunnen der Schande*.

Seine dazu erzählte Geschichte muss ich hier unbedingt weitergeben:

Die Oberen der Stadt erstanden von einem Künstler aus Florenz Marmorstatuen, die er nicht loswerden konnte, weil der Besteller plötzlich pleite war. Die allegorischen und mythologischen Figuren, im Sinne der Wiedergeburt der Antike alle nackt, wurden vor dem Rathaus in Palermo um eine riesige gestaffelte Beckenanlage, auch aus Marmor, verteilt. Nonnen empörten sich zuerst und schlugen den männlichen Vertretern, … nein, nicht das, … die Nasen ab. Das andere getrauten sie sich nicht. Trotzdem sind die meisten Männer entmannt. Die herrliche Anlage erhielt im Volk ihren belastenden Namen. Kam nun eine Dame zur Beichte außerehelichen Beischlafes zum Priester, so sagte sie, sie sei »in den Brunnen der Schande gerutscht«. Der alte Priester starb und ein fremder junger Mann wurde der Nachfolger. Er nahm die gebeichteten Ausrutscher gar nicht als Beichte, sondern wörtlich und verlangte von der Stadt, einen hohen eisernen Zaun um diesen besagten Brunnen bauen zu lassen. Vor dem Rat vom Bürgermeister wegen seiner hartnäckigen Forderung zur Rede gestellt, sagte er, dass es einfach zu gefährlich sei; wolle man vielleicht warten bis jemand ertrinkt und übrigens wäre die Frau Bürgermeister selbst schon zweimal hineingerutscht. –

Die romanische Schelmennovelle lässt grüßen.

Taormina

Für uns Alte sind die Worte *Capri, Sorrent, Napoli* und auch *Taormina* mit Assoziationen aus der Schlagerwelt der Fünfziger verknüpft. Was Rudi Schuricke, Caterina Valente, Vico Torriani und andere für Sehnsüchte in uns weckten, besonders, wenn wir mit unseren Petticoat schwenkenden Mädchen dazu tanzten, wir wissen es noch. Als Bürger der jungen DDR musste ich damals diese magischen Orte in unerreichbaren Fernen wähnen. Solche unscharfen Bilder klärte ich, sobald sich die Gelegenheit ergab, durch Bücher und Abbildungen. Nun wollte ich »life« den mir bekannten Blick aus dem Amphitheater von Taormina zwischen den Ruinen des Bühnenhauses hindurch aus 200 Metern Höhe auf das Meer und den Ätna erleben und fotografieren. Für das gerade stattfindende Film-Festival war aber vor diesen traumhaften Hintergrund eine Superleinwand gespannt. Schei...benkleister!

Unser Hotel *Terrazza*... dort in der Nähe war sehr gut. Zimmer prächtig, Essen reichhaltig, Bedienung angenehm, während der Happy Hour klassische Mix-Getränke für Drei-Euro-fünfzig; da gab es nichts zu meckern.

Man konnte von dort aus die Südseite der Stiefelspitze immer noch sehen. Und nicht zu vergessen ist auch hier die Üppigkeit der Blüten und Pflanzen, die Größe der Agaven, manchmal an Mauern überhängend.

Ach, wären nur nicht so viele Menschen unterwegs. Wenn man aber selbst ein Massentourist ist, so wirkt dieser egoistische Gedanke widersinnig.

Ätna und Catania

Ich schaute von der Station bei ca. 2000 Metern bergwärts zum Gipfel *der* 3369 Meter hohen *Etna* und sah den Hauptteil meiner Gesellschaft mit den roten Gondeln der Seilbahn gerade noch in den Wolken verschwinden. So habe ich 58,50 Euro ge- und mir auch die schwefeldämpfige Kälte er-spart. Von meiner Warte aus konnte ich weit hinab ins Land und auf Catania schauen und die *Crateri Silvestri* erkunden. Einer dieser Krater war von fragwürdigen Touristen als Müllkippe eingerichtet worden. Ich erfühlte die Gesteine, freute mich an ihren Formen und Farben, nahm einen zinnoberroten weichen Stein auf, der mir die Fingerkuppen dauerhaft färbte, sah die weißen Steinbrechpolster, die sich von oben nach unten auf den schwarzen Hängen immer weiter verdichten, den Platz weiter unten höheren Arten überlassen. Ich hatte Zeit und Ruhe. Ein alter Mann, dem man ansah, dass er jeden Tag dort oben ist, fertigte furchterregende Masken aus Tuffgestein. Als Werkzeug benutzte er Widia-Meisel und Bohrer, die an einen Stiel geschweißt waren. Freihändig schlug er die Konturen heraus. Ich kaufte ihm einen Kopf gegen den bösen Blick ab. Der bewacht jetzt unseren Balkon.
In Kreisen näherte ich mich zögernd den Andenken-Läden. Unter Modeschmuck aus schwarzer Lava (wahrscheinlich gemahlen und gegossen) standen in einem davon kleine Büsten aus dem gleichen Material. Ich schaute zweimal hin:
Der *Duce* im Stahlhelm, das Kinn gebieterisch vorgereckt. Man fragt sich: »Wer kauft das«? und antwortet sich

selbst: »Nur Dumme«. - »Und wer produziert das immer noch?« - »Jemand, der die alten Formen noch hat und weiß, wie viel Dumme es gibt.« Weil es so stupide ist, werde ich keinen Kommentar dazu liefern.

Ein Verkäufer lud mich zur Kostprobe eines roten 70prozentigen Likörs ein. Ich weiß, wie man sich auf starke Sachen vorbereitet und tat nach dem Schlucken so, als wäre ich Härteres gewöhnt. Er nahm es hin und blieb freundlich zurückhaltend. Bei ihm erstand ich eine an die Wand zu hängende Porzellanblume. Bei Martha kam ich damit gut an.

Giusi lotste uns am Fuße des Berges zu einem Großimker. Dort kommen die Busse wahrscheinlich organisiert an. Zuerst küsste der Junior-Inhaber Giusi fünfmal links und rechts, hielt uns einen Vortrag über seine Produkte, bedeutete dem nachrückenden Reiseleiter mit der Hand, kurz zu warten, behielt die Verkaufsräume genau im Auge und schickte uns im richtigen Augenblick dort hinein. Sofort begann sein nächster Vortrag. Ich kaufte Honig, Pistaziencrem mit Honig (hervorragend!) und verschiedene Olivenöle mit Kräutern, Knoblauch etc. Niemand verließ den Hofladen ohne Beutel. – Palermo liegt an der Goldenen Muschel, der Bauer liegt bei seiner Goldgrube. Alle Achtung! - Was die Reiseleiter kassieren? Keine Ahnung, sollen sie doch.

Catania hat einen Flughafen und der Bus wurde in geringer Höhe von einer großen Maschine überflogen. Von den Windungen und Wendungen der *Autostrada* in das Zentrum kann einer leicht besoffen werden. Vielleicht hatten wir uns auch nur mal wieder verfahren, egal, wir kamen an. Ich sah den Dom, davor wieder einen

Elefanten aus Lava, aber von Künstlerhand geschaffen. *Pensionisti* demonstrierten mit nagelneuen roten Bannern, in einer Hauptstraße stehend. Die Polizei regelte den Verkehr daher abwechselnd einbahnig. Vincenzo Bellini erwies ich die Ehre. Aber er schaute, weit oben sitzend, sinnend nach Frau Musica oder zu *Norma* oder nach den *Puritanern* oder er ruhte einfach aus. Ein schönes Denkmal haben ihm die Bürger gesetzt. Schöne und auch teure Geschäfte sieht man, Eisläden, deren Gelatipreise gewaltig zu solchen in Nebenstraßen differieren. Auch betrachtete ich den Fischmarkt. Fischverkäufer filetierten und schrien, schütteten frisches Eis, hakten einen großen silbernen Torpedofisch gekonnt in Stücke. Preise konnte ich nicht ausmachen, weil ich wohlweislich nicht das glibberige Pflaster betrat, sondern von einer Brüstung hinabschaute. Ich besuchte die Karten spielenden *Pensionisti* unter den großen Platanen, studierte und fotografierte darunter Charakterköpfe, hörte ihre (unverständlichen) Streitgespräche. Wenn sie den Platz verlassen, ziehen sie ihre mitgebrachten Plastikstühle und Tische an den Ästen hoch und schließen die Ketten ab. Es geht ihnen wirtschaftlich nicht gut, dagegen sehen sie täglich die satten Touristen, darunter die deutschen Rentner. Sie sitzen da mit Würde und sind immer zu Späßen aufgelegt. Mir wurde ein alter Kerl unter ihnen als »Mafioso« präsentiert. Der nahm das lächelnd hin und setzte sich für mich extra stolz zurecht.

Enna

Inmitten der Insel, auf dem Wege von Catania nach Palermo, liegt auf hohem Felsplateau die alte Stadt *Enna*. Bis 1927 hieß sie *Castrogiovanni*. Ihr neuer Name kommt von dem Sklavenführer *Eunus*, der in römischer Zeit aufbegehrte. Er stammte aus Syrien, verlor den Kampf und sein Leben 132 v. Chr. Der Namenswechsel fand unter Mussolini statt. Man hat dem Helden Eunus im Nachhinein Unrecht angetan, denn seine Bronzestatue zeigt eine Figur, die den jungen Schwarzenegger darstellen könnte. Ein verbildeter Muskelprotz steht da mit einer gesprengten Kette, den Mund aufgerissen, ganz und gar unnatürlich mit dieser Wespentaille.

Für den Staufer Friedrich II., Enkel Barbarossas, Kosmopolit, Verwaltungsgenie und Lehrer der Falkner, Vogelkundler, Kaiser des Heiligen römischen Reiches deutscher Nation, unter den Straßenjungen von Palermo ärmlich aufgewachsen, gibt es hier kein Denkmal. Obwohl er im hiesigen *Castello Lombardia* als König von Sizilien residiert hat.

Sein anderer Großvater war der Normanne Roger II. (s.o.) - Ja, beim Heiraten hieß und heißt es aufpassen!

Zur Besichtigung der Kathedrale gelangten wir durch einen Trick. Giusi erzählte im Bus, dass dieser Sakralbau von außen wenig hermache, innen aber besonders prächtig sei. Die Kirche wäre zu, aber sie kenne da einen »Jung-ge«, der würde mit seinem Auto kommen und für uns aufschließen. Wenn wir ihm dafür einen kleinen Obolus gäben, wäre das schön. Na ja, die kleinen Sizilianer haben es schwer. Alle Gäste gaben etwas.

In der Sakristei fotografierte ich im Gestühl eine überaus schöne Nussbaum-Schnitzerei, die Geburt Christi im Stall darstellend und ein in den Fußboden eingelassenes Bild aus Majolika-Fliesen, welches das Einsammeln von Manna beschreibt.

Da fällt mir ein, dass z.B. der Eintritt in Pompeij 11.00 € und in Monreale 6,00 € kostete, wir über 60-Jährigen jedoch unentgeltlich eingelassen wurden. Wir brauchten dazu nur unseren Ausweis. (Wie neulich, als ich in Prag damit kostenlos Straßenbahn und Bus fahren durfte. Dazu muss man dort über 70 sein.)

Als letzte Attraktion sahen wir die *Villa Romana del Casale* bei dem Städtchen *Piazza Armerina*. Das in allen Geschichtsbüchern und vielen Kunstbänden abgedruckte Mosaik vom Schlachtengetümmel Alexanders des Großen gegen den Perserkönig Dareios III. liegt dort. (»Drei-drei-drei – bei Issos Keilerei.«)

Auch die berühmten *Bikini-Mädchen*, als Sportlerinnen verewigt, können bewundert werden. Ein sehr großes Mosaik zeigt die Heldentaten des Herkules. Nur der Teil, der darstellte, wie er den *Stall des Augias* durch Umleitung eines Flusses ausmistete, ist verloren gegangen. Mit der Anzahl und der Größe heutiger Sauställe gäbe es für Herkules viel segensreiche Arbeit.

Wer das »Anwesen« mit seinen riesigen Ausmaßen bauen ließ, ist unbekannt.

Sehr anschaulich wird das Verhalten der Damaligen bei der Abgabe von Stoffwechselprodukten bewiesen. In einem kreisrunden Toiletten-Haus saß man einträchtig beieinander und konnte allerlei besprechen. Die Einschnitte in der Vorderseite der Sitze deuten darauf hin, dass vielleicht nur Männer dort saßen.

Nach Palermo zum Einschiffen fährt man wieder durch vielgestaltige Landschaften, die wegen ihrer Topographie und Farbigkeit ständig zum Anhalten und Schauen verleiteten, wäre man allein unterwegs. Die Hartweizenfelder waren schon abgeerntet. »*Barilla* kann weiter *Pasta* produzieren«, dachte ich. Die goldgelben Flächen dieser Felder biegen, senken und heben sich. Sie verleihen der noch zu unserer Zeit in verschiedenen Grüntönen dominierenden Natur überaus schöne Bewegung.

Auf dieser Fahrt gab der Cheffahrer die letzten Knacker und *Kamenzer* Brühwürstchen aus, die er für uns vorausschauend in seiner Heimat reichlich eingekauft hatte. Er sagte zu Wolfgang, er habe »definitiv« nichts mehr. Wir sagten, wir wären froh, dass nun »erklärtermaßen« Schluss sei, weil wir oft nur die Wahl zwischen geplatzten und lauwarmen Würstchen gehabt hätten.

Unsere Giusi hielt auf dieser letzten Fahrt eine ergreifende Rede über die Mafia. Diese Frau imponierte mir nun am Schluss der Reise doch noch. Wie schmerzlich das Klischee über Sizilien auf die ehrlichen Menschen dort wirkt, machte sie uns eindringlich deutlich. Sie erinnerte an die ermordeten Richter und Anwälte, die der Mafia den Kampf angesagt hatten. Mit der Verehrung dieser Männer ginge der Wille großer Bevölkerungsteile einher, offen gegen mafiose Strukturen aufzutreten, sich nicht mehr zu verstecken, keine »Schutzgelder« zu zahlen, das Ausland um Unterstützung zu bitten. Wir sollten das zu Hause erzählen, bat Giusi. Ich sagte Ihr beim Abschied, sie habe mich damit sehr beeindruckt.

Heimwärts

Die Fähre von Palermo nach Genua war das beste Schiff der Reise. Leise war es in der Kabine, angenehm die Versorgung und am mit einem Netz gesperrten Pool ohne Wasser konnten wir den Tag in der Sonne verbringen. Die Liegen waren umkämpft. Manche unserer Damen benutzten zum ersten Mal den neuen Badeanzug und wurden von flanierenden Männergruppen fleischbeschauerisch bewertet. Die Südländer haben dafür offenbar ein Privileg, denn sie denken sich gar nichts dabei. Beobachtet man Gang und Mimik dieser Gockel, so erklärt sich diese gängige Bezeichnung von selbst. Die Füße nach außen gerichtet, den Kopf gravitätisch gereckt, die Flügel, respektive die Arme, bis in die Fingerspitzen leicht gespreizt, steigen sie langsam, hier und da verharrend, durchs Revier. Den Kamm, vielmehr das Haar haben sie gewichst; ist es oben schon dünner, tragen sie einen gelockten Tuff im Nacken. Zugegeben, nicht alle.

Das letzte Hotel im Piemont bei Alessandria war das schlechteste der Reise. Sauer riechendes Raucherzimmer mit wackeliger Beleuchtung, karges Essen und teurer Wein fallen mir dazu ein. Aber wir wollten nun alle nur noch eines: Nach Hause!

Die Fahrt durch die Lombardei ist schön und man lernt verstehen, warum es Politiker gibt, die den aufgeräumten Norden Italiens vom Süden abtrennen möchten. Jedoch, auch hier kein Kommentar!

Mein Fazit: Ich habe Herrliches gesehen, viel Neues gelernt und erfahren, tolle Menschen kennengelernt. Ir-
gendwie befriedigt es einen aber auch, findet man seine
Vorurteile bestätigt. Aber Schwamm drüber.
Das mit den dicken Bus-Reise-Füßen muss ich vergessen.
Ach, eines noch: Martha muss jetzt öfter italienisch ko-
chen. Ihr wisst warum.

Aus aktuellem Anlass unterbreche ich hier den Fortgang der Erzählungen, denn

Loriot ist gestorben.

Ich trauerte um Vicco von Bülow und programmierte den Recorder, die Nachtsendung über ihn und von ihm aufzuzeichnen.

Im Bett dachte an ihn, legte den Zeigefinger an die Nase, dann an das Kinn, an die Stirn. Ich übte ohne Nudel.

 Drei Tage später ist das Eröffnungskonzert der Dresdener Philharmonie zur Saison 2011/12. Der neue Chefdirigent gefällt uns, nicht nur, weil er in der Pause unter die Leute geht und zum Einstand jedem ein Glas Sekt reichen lässt. Martha gibt mir ihr Glas, ich leere es.

Als wir alle wieder sitzen, das Orchester unter unserem Begrüßungsapplaus Platz genommen hat, steht der Konzertmeister auf, um von der Oboe den Kammerton abzufordern. Da muss ich lachen, stumm natürlich. Martha stuppst mich mit dem Ellenbogen. Ich schaue sie mit wackelndem Bauch an; sie guckt missbilligend. Prokofjews Ballettsuite *Romeo und Julia* nimmt mich ein. -

Was war mir Erheiterndes eingefallen?

Ich dachte, Loriot stünde da im Frack mit Geige und Bogen, an der Oboe klemme die erforderliche Klappe,

ein quiekendes Geräusch erschalle,

er drehe sich zum Publikum und riefe:

 »Hat jemand von den Herrschaften eventuell

ein eingestrichenes *a* dabei?«

In die Juli-Regenperiode platzte eine Überraschung. Für mich keine positive. Traudchen und Fred schrieben, sie würden uns zum Schützenball erwarten. Das waren, wie einige schon wissen, unsere Nachbarn in der Lüneburger Heide, also in Drögenborstel, gewesen. Martha war natürlich ganz aus dem Häuschen. »Aach, die alle mal wiedersehen, bisschen tanzen«, hier hielt sie kurz inne, wegen der Bandscheibe und fuhr dann fort, »na ja jedenfalls gibt's bestimmt viel zu erzählen, ich freu' mich«.

Fred deutete an, dass er Schützenkönig zu werden die besten Aussichten habe.

»Der muss Geld haben, aber vielleicht nimmt er auch eine Hypothek auf«, mutmaßte ich.

Martha schüttelte den Kopf.

Wir fuhren also zum

Schützenball.

Schützenfeste hatte ich schon erlebt, als wir noch in der Heide wohnten. Ich sah neben dem allgemeinen Jahrmarkt den Festumzug und die Zelte der »Rotten«. Das sind große Bierzelte, am Eingang mit Fichtengrün geschmückt, darüber prangt ein Schild. Zum Beispiel steht da *Rotte Borstel in der Kuhle.* (Es gibt diesen und ähnliche Ortsnamen!) Die Rotte besteht aus den ortsansässigen Schützenvereinsmitgliedern. Ihnen steht der Rottmeister vor. Ich hatte bis dahin gedacht, dass nur ein Verband Wildschweine *Rotte* genannt wird. Aber man lernt eben nie aus. Wölfe, Hirsche und andere Tiere bilden *Rudel.* Affen treten in *Horden* auf. *Herde, Schar, Schwarm,* alles wird im Zusammenhang mit Tieren verwendet. Positiv kommt noch »eine Schar Kinder« oder »ein Schwarm Mädchen« an. Schon eine »Herde Jungen« verheißt nichts Gutes. »Rotte«, aus der Jägersprache stammend, auf eine Gruppe Männer in grünen Uniformen angewendet, macht nachdenklich. Suhlen die sich auch? - Ich schaute spät nachmittags in solche Zelte, da tranken sie Bier. Aber wie tranken sie es? Als »Lüttje Lage« wird es getrunken. Dazu nimmt man ein schlankes Glas, gefüllt mit Korn, zwischen Mittel-und Zeigefinger, das Bierglas zwischen Zeigefinger und Daumen. Liegen die Gläser im richtigen Winkel zueinander, fließt der Schnaps beim Trinken in das strömende Bier. Auf kurzem Wege gelangt die brisante Mischung zum Verbraucher. Auch aktive Schützinnen und mitfeiernde Ehefrauen testen, ob sie heute zu einem Rekord im Lüttje-Lage-Trinken die Verfassung haben. Dieser Brauch war es, der mich damals die Einladung von Dorfbewohnern, in den Schützenverein einzutreten, dankend ablehnen ließ. Dummerweise sagte ich zur Begründung: »Geht nicht, ich kann nicht auf Befehl saufen«. Das haben sie mir nie vergessen.

Viele Gedanken machten mir im Festumzug immer die »Scheeßeldinger Stadtfalken«. Das ist ein Spielmanns-Zug in blauen oder roten Musketier-Kostümen. Manche Federhüte sehen aus, als würden sie nicht gerade sorgfältig aufbewahrt. (Es ist klar, dass dieses einem Panamahut-Besitzer besonders auffällt.) Die Spielleute ziehen hinter einem weiblichen Tambourmajor her, der oder die stets ein grimmiges Gesicht macht. Die Gesichter der Band sind gleichermaßen versteinert. Sie würden nicht mal ihre Mutter am Straßenrand grüßen, weil sie ihren ganzen Zorn auf das Trommeln und Tröten richten müssen. Sie machen den Eindruck, als wären sie von ganz weit her und dazu noch in Trance. Die Trommler können nur brasilianische Rhythmen und daher werden alle bekannten Märsche und Marschlieder maschinenmäßig unter dieser Masche heruntergespielt. Wie die Musketier-Kostüme dazu passen sollen, muss mir einer erklären. Bewegen tun sich die Musikanten aber im Gleichschritt, nicht etwa tanzend. Kleine Kinder schützen ihre Ohren, wenn sich einige Fanfaren im Diskant überschlagen. Ich habe immer zwischen Lachen und Weinen geschwankt, wenn ich das hören und sehen musste.

Der Große Königsball fällt bei dem Schützenverein Drögenborstel nicht unbedingt mit der Königsproklamation im Juni zusammen, weil viele der Schützen Landwirte sind. Die können erst richtig im Herbst. Und da fuhren wir nun hin.
Quartier war im kleinen *Heidekrug* gebucht. Der Wirt am Bierhahn fragte: »Naa, ook mol wedder hiea?« Was soll man da antworten? »Nein, es sind nur unsere Geister.« Oder was? Niemals brächte er es fertig meinetwegen zu sagen: »Ich freu' mich, dass ihr wieder mal hier seid.« So was kotzt ihn an. Und daher nebelt er seine Stumpfheit mit der blödsinnigen Frage ein, ob wir auch mal wieder hier wären. Ähnliches kommt aber auch bei anderen Landsleuten vor. Wir mochten das Raubein noch nie und grüßten knapp mit: »Tach, welches Zimmer?« Er hatte uns damals nach zehn Jahren noch nicht als Mitbürger gesehen. Wir waren ihm verdächtig gewe-

sen, weil wir von da drüben kamen, wohlgemerkt, wir kamen ein Jahr n a c h der Wende. Vergiss es!

Nun war auch ich neugierig auf den Ball.

Vormittags kleine Rundfahrt. Wir dachten dabei laut: »Hat sich zum Guten verändert, einiges. / Haste die gesehen, war die schon immer schwarz? / Der Laden ist auch zu, - zu vermieten. Na ja, besonders freundlich waren die nie. / Die Friseuse da an der Ecke sagte, mein Haarschnitt solle zweiunddreißig D-Mark kosten. Ich hab gesagt, hui, da setz ich meinen Hut lieber wieder auf. Mann, ist Der fett geworden. /Die Sparkasse tut, als wäre sie die Deutsche Bank. Guck mal, alles weggerissen und neu«.

Mittagsruhe, Kaffeetrinken bei Groteschlütens. Poldi, der Dackel war am freundlichsten. Wenn die fragen: »Wie geht's Euch«, meinen die nicht etwa, ob wir gesund sind, ob wir angenehm wohnen oder ob sonstige Umstände in Ordnung sind. Nein, die meinen damit, ob wir genug Geld haben. Da kann man doch nur antworten: »Blendend!«

Noch mal ausruhen, dann duschen, rasieren, ankleiden, Taxi zum Gasthof.

Der Saal war bereits voll. Die vorherrschende Farbe war Schützengrün. Alle saßen an schmalen Sechsertischen, die auch die Tanzfläche einnahmen. Das kannten wir schon. Die Tische werden nach dem Essen blitzartig weggeräumt und man sitzt dann im Geviert um das Parkett an Tafeln mit enggestellten Stühlen. Fred und Traudchen kamen, uns zu begrüßen. Leider wäre der Schwager aus Wietze mit seiner Frau nun doch noch gekommen. Da könnten sie nun nicht gut sagen, setzt euch woanders hin. Ihr Tisch sei also schon besetzt. Aber nach dem Essen würde sich alles einrichten lassen. Wir sagten: »Das macht doch nichts« und suchten uns Plätze.

Die vier Alten hinten am Nebeneingang zur Kegelbahn kannten wir nicht so gut, aber zum Essen reichte es. Wir nannten zur Erinnerung unseren Namen, sie murmelten auch etwas und schon machte der DJ einen Tusch. Die Flügeltür zur Küche flog auf und eine Reihe Frauen kamen mit hoch gehaltenen Suppenterrinen heraus marschiert. Der DJ hatte aus dem Tusch in einen flotten Marsch übergeleitet. Das Publikum klatschte im Takt. Ruck-zuck klimperten die Schöpflöffel und jeder versorgte sich mit der Suppe. Wer mal Handwerker war oder bei Bauern mitgegessen hat, wird wissen, dass man sich nicht lange mit »ah« und »oh« beim Essen aufhält. Schmeckt, rein damit, fertig. Die Terrinen und die Suppenteller verschwanden so schnell, wie sie gekommen waren. Im Saale war es fast still. Nur im Hintergrund war leise Tanz-Musik zu hören. Der DJ aß bei seiner Familie. Braten, Soßen, Salzkartoffeln und Gemüse, reich und prächtig angerichtet, standen flott bald auf allen Tischen. Sofort geordneter Angriff, keine Gespräche dabei, allenfalls Aufforderungen, dies oder das zu reichen, volle Konzentration. Schaben, Scheppern und Quietschen der Werkzeuge. Erste Personen richteten sich stark ausatmend auf. Die Bedienfrauen entfernten Geschirr und Besteck dort zuerst. Aufmarsch mit Tabletts voller Dessert-Schalen, braves Aufessen der süßen Sache, klingendes Ausputzen der Glastellerchen. Erste vernehmbare Gesprächsfetzen. Starkes Stühle-Rücken, Aufstehen. Die

Damen laufen gezielt in Richtung jenes Platzes, den sie schon seit Jahren behaupten, die Herren tragen Tische und Stühle jeweils dorthin. Dabei wird nicht überkreuz gegangen, der kürzeste Weg wird eingeschlagen. Eine seit alters waltende Regie steckt dahinter. Alles war schon immer so. Die Tischnachbarn, von uns angesprochen, sagten, das Essen sei hier immer so. Wir meinten, es wäre alles gut gewesen, sie betätigten das aber nicht eindeutig; hm, war schon immer so. Unser Tisch wurde von zwei jungen Schützen angehoben und weg getragen. Wir schauten ihnen nach. Gleich neben der Tür zu den Toiletten setzten sie ihn ab, wo er das letzte Glied einer Tafel bildete. Na da wollten wir ja nun nicht gerne sitzen. Es kam aber so, weil Traudchen herbei eilte und sagte, dass Fred noch alles klären werde, wenn er seine Rede hinter sich hätte; er wäre ziemlich angespannt. Jaja, sagten wir.

Traudchen trug ein goldplattiertes Diadem und ein Dirndl. Sie hängte ihrer Gewohnheit gemäß den Kopf ein wenig nach links, hielt die Hände über der Schürze gefaltet und ging mit schnellen kleinen Schritten zurück an ihre Tafel. Der DJ ließ abermals einen Tusch ab. Augenblicklich war Ruhe, die Bedienungen blieben stehen, wo sie gerade waren. Die Herren setzten ohne Kommando die Hüte auf. Die meisten dieser grünen Kopfbedeckungen sahen immer schon aus, als wäre sie schon öfter als Sitzunterlage benutzt worden. Sie saßen fast alle auf dem Pfiff, weil sie nach dem Regen nie gespannt worden sind. Fred, auch bedeckt, stand auf, rückte die Brille, holte aus seiner grünen Jacke einen Zettel, wobei die mächtige, von langer Tradition kündende Königskette mit ihren 85 Ehrenplaketten klimperte. Er hüstelte und hub an: »Leeve, äh, liebe Kameraden und Kameradinnen, liebe Gäste, Herr Ortsvorsteher«. Hier schmunzelten einige, weil der sein Arbeitskollege ist. Fred sah nach der über ihm angebrachten Leuchte, die offenbar zu wenig Licht auf seinen Zettel warf, und sagte weiter: »Na denn prost und einen schönen Abend«. Tosender Applaus. Die Bedienungen stellten Flaschen mit braunem, klarem und licht-grünem Inhalt ab. Andere brachten Bier, von niemandem bestellt, aber freudig entgegen genommen.

Der DJ forderte das Königspaar auf, den Tanz zu eröffnen. Fred hüpfte, ohne die Last der Rede weiter tragen zu müssen, flink um sein Traudchen herum, die, wie ein kleines Mädchen errötet, ebenfalls ihr Bestes gab. Die Rotte durfte nun mittanzen. Vor der nächsten Partie war das Jugend-Königspaar dran, ein Solo zu tanzen. Sie bekamen auch einen Walzer, den sie natürlich nicht ausführen konnten. Sie hatten offenbar ein bisschen geübt, denn sie machten es wirklich synchron. Sie stellten die Beine weit auseinander und verlagerten ihr Gewicht im Takt gemütlich von einer Seite auf die andere, wobei das unbelastete Bein jeweils ein wenig angehoben wurde. Dabei gelang ihnen sogar eine ganz langsame Drehung. Es war die gleiche Vorstellung, als wenn man einen Sägebock im Takte kippelt. Sie wirkten dabei völlig zufrieden und stolz auf die neue Würde. Meine alte Tanzstundenlehrerin wäre beim Anblick solcher Darbietung aus dem Fenster gesprungen. Wir amüsierten uns königlich. (Merkt man die Doppeldeutigkeit?) Bald verdeckten etwas geübtere Tanzpaare die mutigen jungen Majestäten. Statt klassischer Gesellschaftstänze behauptete zunehmend bekannte Disco-Musik den Platz.

Erste schwarze Krawatten wurden gelockert oder sogar abgenommen, grüne Uniformjacken wurden aufgeknöpft, später ausgezogen. In der ersten Phase des Festes absolviert man die sogenannten Anstandstouren, damit man es hinter sich hat, ehe die Stimmung steigt.

Und die stieg sehr schnell. Fred holte Martha zum Tanz, da musste ich mit Traudchen tanzen. Die Tradition verlangt es, dass man mit der Dame zur Theke geht, um einen Likör oder Schnaps zu trinken. Cocktails gab es nicht. Martha schüttelte sich nach dem grünen Pfeffi und ich nahm einen Klaren, nicht ohne zum Titel zu gratulieren. Unsere Gastgeber spitzten genüsslich die Lippen. Fred sagte, die Bedienung wisse Bescheid, dass unser Verzehr auf seine Rechnung ginge. Ich sagte: »Danke Majestät«. Er sagte: »Ach lass doch den Scheiß«. Das Leben mit Ironie zu würzen, war nie sein Ding. Vom Zusammensitzen war keine Rede mehr.

Die allbekannten Geräusche und Gerüche beherrschten den Saal. Wenn nicht gerade das Disco-Gulasch überschwappte, hörte man die Leute laut reden und lachen, wobei kein einzelnes Wort heraus zu hören war. Man sehnt sich nach Musikpausen, weil man irgendetwas sagen möchte. Aber nichts da! Nur Krach, Dunst, Hitze. Martha bekam regelrecht Angst vor Leuten, die uns zur Theke schleppen wollten, lehnte alles dankend ab. Ich kippte einiges in das Spülbecken. Der Schankbursche sah es und nickte mir lächelnd zu.

Nie hätte ich erwartet, dass Thorke Klein zu mir käme, um mich zu begrüßen. Weiße Stirne bei etwa 1,95 m, darunter weißblonde Brauen, eisgraue Adleraugen und rotbraun gegerbte Haut, riesige Hände, Schultern wie die Klitschkos, so kannte ich ihn noch. Was hatte ich auf und mit dem Mann geschimpft, wenn er pünktlich an trockenen Tagen und am Karfreitag Gülle ausbrachte. Seine Felder umschlossen unsere Siedlung. Da konnte der Wind aus jeder Richtung den Gestank verbreiten. Thorke war guter Stimmung und tat, als wären wir immer ein Knäuel gewesen. Ich musste herzlich lachen. – Wir wollten gerne ins Freie, um einmal richtig durchatmen zu können, da kam auch noch Friewi. Eigentlich heißt er mit Vornamen Friedrich-Wilhelm. Er ist Vieh-Händler. Im Gemeinderat saß er eine Wahlperiode lang als einziger Abgeordneter der NPD. Als wir hier wohnten, würdigte er uns nie einer Ansprache, was wir damals nicht beklagten. Nun protzte er mit seinem Wanst über der Tiefbundhose im verschwitzten Hemd, mit breitem Feixen und Goldzahn. Er haute mir auf die Schulter, dass es weh tat und brüllte: »Naaa, drüben isses woll gor nich so schoin, wat«. Kaum hatte er das gesagt, wendete er sich einer drallen Frau zu und schob sie mit der massigen Hand in der Mitte ihres Hinterns zur Tanzfläche. Sie kicherte vergnügt. Wir waren froh, keine Antwort geben zu müssen. Ich schaute auf die Uhr, ob nicht bald Schluss sei.

Nein, es war erst halb Zwölf. Ob wir uns einfach verdrücken sollten? Leider noch nicht möglich, denn gänzlich unerwartet tauchte der Käufer unseres Hauses auf. Bisher waren uns weder er noch seine Frau aufgefallen. Mit einem Henkelglas in der Pranke kam er mir viel zu nahe und schimpfte. Das Haus sei nicht mehr zu heizen bei diesen Preisen. Ich müsste das wohl gewusst haben, weil ich es ihm angedreht hätte.

»Ja«, sagte ich, »ich hab mich damals beim CIA erkundigt, wo demnächst ums Öl gefochten wird. Die haben mir ihre Pläne geschickt und da hab ich das Haus annonciert«. Er zählt zu den Leuten, die durch Alkohol zänkisch werden, denn er drohte mir mit der Faust, ich solle ihn nicht noch verarschen. Zum Glück kam seine Frau herzu, begrüßte uns freundlich und zog ihn weg. Ich bestellte ein Taxi. Wir gingen zum Königspaar und verabschiedeten uns. »Vielen, vielen Dank!« - »Is schon klar.« Ob wir uns denn nochmal sehen, frug Traudchen. »Oh, wir fahren zeitig, weil wir abends unsere Enkel bewachen müssen.«

Das war ganz gewiss unser letzter Schützenball in Drögenborstel.

Und niemand soll denken, dass an der Schilderung irgendetwas ausgedacht sei!

Irriges und Klares

»Ich geh' gleich nach dem Frühstück mal rüber zum Doktor. Ich brauche einen Termin, die geh'n ja montags früh immer nicht ans Telefon«, sagte ich zu Martha.
»Heute ist Sonntag«, entgegnete sie.
Das war mir peinlich, obwohl mir meiner Goldbraut gegenüber so etwas nicht peinlich zu sein braucht. Aber ich habe den Ehrgeiz, keine kleinen Fehler zu machen, damit sie nicht denken soll »Jetzt geht's wohl los, wie?« Damit sie nicht denkt, die Fehler könnten langsam größer werden.
Wie kommt es eigentlich zu der irrigen Annahme, man wäre schon einen Tag weiter oder einen zurück? Da gibt es psychologisch fundierte Untersuchungen in den Wohlstandsländern.
Die kenne ich aber nicht, die Untersuchungen.
Mir ist klar, dass es bei mir daher kommt, weil wir Rentner anders leben als in der Zeit des Broterwerbs. Anzug wird nicht mehr angezogen, es wird keine Frühstücksdose vorbereitet, keine Aktentasche gepackt, es wird nicht ständig auf die Uhr geschaut, kein Gedanke richtet sich auf den doofen Chef oder die launische Zicke im Büro.
Zu Martha sagte ich: »Das kommt daher, weil du jeden Tag mit dem Frühstück solchen Kult treibst, wie früher nur sonntags. Ich könnte also morgen früh denken, es sei Sonntag, obwohl die Woche anfängt. Und dann könnte ich die Massage verpassen, müsste sie vielleicht sogar bezahlen, wegen der Ausfallzeit in der Reha. Oder noch teurer wär's wenn ich den Zahnarzt-Termin platzen ließe«. Martha holte Luft und hielt mir entgegen:

»Wer will denn Kasseler Leberwurst, Hackepeter mit gemahlenem Kümmel, rohen und gekochten Schinken, Camembert, Frischkäse, Bienenhonig, gelbe und rote Konfitüre, dunkle und helle Brötchen, hä? Du doch, und dann wunderst du dich über deinen Bauch. Na klar, der kann ja nie abnehmen, wenn du dich sofort nach dem Frühstück an den Compi setzt oder liest und nicht mehr hoch kommst bis Mittag«.

Nun ich wieder: »Hier geht es nicht um meine Wünsche, du bist nämlich voll daran beteiligt, die Vielfalt zu genießen. Warst *du* denn schon mal wieder auf der Waage? Du als Hausfrau solltest die Ausstattung des Frühstücks gescheiter strukturieren, variieren. Wochentags kleines Sortiment, sonntags vielleicht noch zwei weiche Eier im Glas dazu. Dann passiert so etwas wie heute nicht mehr«.

Ich kriege meine Alte wann immer ich will zum Lachen, auch jetzt. Martha stimmte mir im Grunde zu, was das üppige Essen betrifft und ich konnte später beobachten, wie sie ihre Ernährungsberatungs-Mappe hervorkramte.

Na mal sehen.

Ein Beigeschmack war bei mir geblieben, weil sie den Bauch so betont erwähnte.

Ich musste mir Bewegung verschaffen, nahm die Kamera und ging zur Baustelle. Sonntags kann man ungestört durch den Bauzaun.

Die Baustelle

Mein Blick ging im Halbkreis über das Elbtal. Ich stand am Neustädter Hochufer im Mittelpunkt des Tal-Bogens. Der Böschungshobel war schon tätig gewesen, die schönen Konturen des Wiesenhanges waren wieder erkennbar. Einige Sandflächen harrten noch des Mutterbodens, welcher in zwei Mieten vor drei Jahren vorsorglich beiseite angehäuft worden ist. Die Brücke duckt sich geradezu über Wiesen und Elbe. Die zwei Stützbögen über dem Strom steigen so gemessen, dass es ein Problem mit den Burschen geben wird, die über sie hinweg spazieren werden wollen. Die Vorlandbrücken auf ihren eleganten V-Stützen behindern den Blick nach dem Weißen Hirsch überhaupt nicht. Auch den von der linken Seite auf die Stadt nicht. Das ganze Trara gegen die Waldschlösschen-Brücke war geboren aus Nichtwissen. (Von mir nicht beweisbare böse Absichten erörtere ich nicht.) Und dieses Nichtwissen entstand durch die Verweigerung, sich die Pläne wenigstens einmal anzusehen. Menschen ohne Vorstellungskraft und solche, die grundsätzlich erst einmal gegen alles sind, haben nutzlosen Ärger bereitet. Phantasiereiche Tierschützer haben sich schuldig gemacht am Bauverzug und an den höheren Kosten.

Da muss ich gleich an ein Paar mit einem bunten Bully denken. Sie fuhren an einem »Aktionstag« auf dem gesperrten Elbwanderweg (!) bis zur Baustelle. Alternativ gekleidet, er mit grauem Rauschebart, sie mit verwaschenen Tüchern um den Kopf, stiegen sie mit sieghaftem Gebaren aus. Ich beugte mich vor, um das polizeiliche

Kennzeichen zu erkennen. »Jaaa«, sagte er stolz, »mir kommet ous Donau-Eschinge«.

Ein Brückenbefürworter fragte:

»Und was willste hier?«

»Mir welle prodeschtiere geesche das Monschter, wo hier gebaut wörrde soll.«

Der Dresdener frug: »Siehste hier villeischt ä Monster?«

»Noi, aber mir misset verhindere dass ois komme dud.«

»Und wenn eens käme, wärs immer noch   u n s e r Monster, verstehste, mei Freind? Geht Eich gar nischt an; also haut widder ab!«

Die Revoluzzerin mit dem   Frisur-Ersatz, 17 Ketten, Karnickelfellweste mit Haarausfall und langem Bordürenrock nahm ihren Mann bei der Hand und tat kund, dass man mit »… solchene Mensche, wo noch nie koi Demokratie kennet hent,   nit rede …« könnte. Dann holten sie zwei Regiestühle und ein Transparent aus ihrem Gefährt. Sie setzten sich in die Wiese und entrollten ihren Spruch: »Weg mit der Brücke, bewahrt das Welterbe«.   Der Dresdner schaute zu mir und drehte seine Hand an der Schläfe um den Zeigefinger. Ich nickte ihm zu. Wir tauschten noch unsere Gedanken darüber aus, was wir wohl mit den am Lastarm des Baukranes angeseilten Berufsprotestierern machen würden. Wir stimmten darin überein, für die sofortige Beendigung der Störung des Bauablaufes Feuerwehrschläuche mit weichem Strahl einzusetzen und die Burschen anschließend mit saftigen Klagen zu überziehen. Da drehte sich plötzlich der Kran, die Kletterkünstler hielten sich fest und brüllten herunter. Zwei Polizisten rannten zu dem erbosten Kranführer und verboten ihm, solche Karussell-Fahrten zu veranstalten. Wir sahen, wie er die Fernbedienung ablegte und heftig mit den Polizisten diskutierte. Wir hätten ihn gern unterstützt, aber gegen das Demonstrationsrecht hätten auch wir nicht anstinken können. Da spielte es auch keine Rolle, dass die von wem auch immer bezahlten »Aktivisten« fremdes Eigentum besetzt hielten. So war das damals.

Jetzt war ich am Zaun und zwängte mich hindurch. Ich wollte den Justierapparat an den Lagern unter den V-Stützen einmal genauer sehen. Die können das Lager exakt auf den Millimeter genau und in Waage ausrichten, erkannte ich. Da fuhr mir der Schreck durch die Glieder, denn hinter der Stütze kam ein großer starker Mann hervor und fragte mich, was ich hier zu suchen hätte.

Er war in seiner Sonntags-Kleidung nicht gleich erkennbar für mich. Aber gleich darauf wusste ich, wer es war. Es war der Obermonteur des Stahlbaus. Bisher hatte ich ihn nur mit Schutzhelm und blauer Arbeitskluft gesehen. »Oh, das tut mir aber jetzt leid«, sagte ich. »Ich musste einfach mal ergründen, wie sich die Lager der Stützen aufbauen. Aber warum gönnen Sie sich nicht mal einen Sonntag«? Ich dachte locker mit ihm reden zu können, weil ich schon einige Male kleine Auskünfte über den Bauablauf von ihm erhalten hatte. Er erkannte mich auch. »Ich zeig heute meiner Frau mal, was wir hier gemacht haben.« Die Dame stand etwas abseits, er winkte sie heran und sagte zu ihr: »Der hier ist ein ganz Hartnäckiger. Was der mich schon gelöchert hat. Und nun schleicht er sich noch auf die gesperrte Baustelle. Was sollch denn nu mit dem machen«? Die Frau lächelte und zuckte die Schultern. Ich sagte: »Seit Beginn habe ich bis heute knapp 2000 Fotos vom Bau auf meiner Festplatte. Wenn sie wollen, brenne ich ihnen welche auf eine CD. Schenk ich ihnen als Buse«. Er lachte und winkte mir, mich näher an das Lager zu beugen. »Der Stahl gleitet auf einer Teflon-Platte, die nach der fertigen Stahlmontage für jedes Lager einzeln angefertigt wurde. Mit Pressen haben wir die Brücke angehoben und die Gleitplatten eingefügt. Erst dann wurden die Hilfsstützen abgebaut und die gesamte Konstruktion abgesenkt. Nun kann sich die Brücke bis zu zehn Zentimetern ausdehnen und zusammenziehen.« Weiter erklärte er seiner Frau und mir, dass je nach Materialstärke der Bleche bis zu 25 Schweißnähte übereinander notwendig waren, die alle einzeln geschliffen und geröntgt wurden, dass ein Schweißer für das Zusammenfügen zweier Brückentrog-Teile eine ganze Woche gebraucht habe und vieles mehr. Ich sagte noch, dass der Laie den Ausdruck »Blech« nicht mit fünf-Zentimeter-dicken Stahlplatten zusammen bringt. »Heißt aber so«, sagte er. Gemeinsam verließen wir die innere Baustelle, er schloss ab und ich hob das Gitterelement des Bauzaunes wieder in den Ständer.

»Machs gut«, rief der Mann.

»Was für ein Typ«, dachte ich. »Baut hier etwas für die nächsten zweihundert Jahre, kehrt aber nicht den großen Zampano heraus. Früher wurden solche Leute besser gewürdigt.« Welche Erfahrung sich bei ihm mit dem Können vereint, habe ich einmal in einer kritischen Phase erlauscht, zufällig! Die eigentliche Strombrücke sollte hydraulisch von den Hilfsstützen in die schrägen Widerlager an den Ufern abgesenkt werden. Das waren nur wenige Zentimeter. Aber der ungeheure Brückenkörper musste haargenau in die unverrückbaren Beton-Widerlager eingepasst werden. Ich stand am Elbufer auf dem Treidelpfad unmittelbar am Bauzaun. Der Obermonteur lag ganz allein auf der Schräge des Widerlagers, hatte ein Funkgerät in der Hand und sagte seinen Männern an beiden Ufern, wie es zu machen sei. Ich verstand das nicht, hörte aber, wie er zum Schluss sagte: »Ich will, dass sie sich erst streckt und dann senkt«. Kein Konstrukteur, kein Technologe war bei ihm. Die ganze Verantwortung lastete auf dem Praktiker, der völlig ruhig wirkte. Er wusste, wie sich tausend Tonnen zusammen geschweißten Stahles in ihrer Spannung verhalten, aber auch beherrschen lassen. Kein Reporter und keine Kamera haben diesen hoch brisanten und zugleich intimen Moment erfasst. Er war tatsächlich nicht spektakulär und ich habe die Bewegung in ihrer Langsamkeit kaum ausmachen können, hörte nur nach einiger Zeit, wie er in sein Gerät sagte: »Sitzt«. Ab sofort konnte die eigentliche Strombrücke mit beiden Vorlandbrücken fest verbunden werden.

Über meine Beobachtungen nachdenkend, wollte ich heimwärts. Ein älteres Paar stand am Wege, die Brücke betrachtend. Dort, wo die vorgefertigten Teile zusammengeschweißt sind, stand noch die Konservierung aus. Die Frau sagte: »Fängt ja schon alles an zu rosten«. Der Mann schaute zu mir, ob ich den Blödsinn wohl gehört hätte. Weil ich aus der Baugeschichte der Waldschlösschenbrücke noch ganz andere dumme Verlautbarungen und böswillige Machinationen kenne, pfiff ich ein Liedchen und ging davon.

Wie einen die Papierflut verrückt machen kann
(Loriot nachempfunden)

Martha schaute mir über die Schulter, um zu sehen, was ich gerade schriebe. Das tut sie selten. Sie bekam diesen ersten Absatz mit:

»Ich bin Rentner, habe einen Schreibtisch, mehrere Akten-Ordner, zwei Ablagekästen aus Kunststoff, einer rot, einer beige. Der rote ist für Aktuelles, der andere beherbergt, was eigentlich schon lange in die Ordner muss. Als ich noch arbeitete, hatte ich noch mehr Ordner und auch mehr Kästen. Ich dachte, dass ab dem Rentnerdasein Schluss mit der Bürokratie sei.

Hast du gedacht! Nicht in dieser freien Welt.«

Weil Martha nichts damit anfangen konnte, ging sie wieder. Ich schrieb weiter: »Ständig kommt Post von Versicherungen, Banken, Krankenkassen; es kommen Rechnungen, Mahnungen, Informationen zum Konzert- und Theater-Abo, Schreiben von der Rentenanstalt mit kaum erwähnenswerten Änderungen zur Auszahlungs-Summe. Wenn ich abbuchen ließe, bekäme ich dafür das und das, schreiben manche, bei denen ich gar nichts bestellen will und jene, die mich mahnen. Von Reiseanbietern, Versandhäusern, Weingütern und Kontoren kommen Angebote, die man nicht sofort in den Papierkorb schmeißen will, weil vielleicht doch etwas infrage kommt. Ein Provider will mich dem anderen abwerben, ständig soll ich bei anderen Anbietern grünen Strom kaufen und so weiter, alles in sich wiederholenden Abständen. Neuerdings soll ich Geld in Marokko anlegen, was ich schon in Itzehoe nicht mache. Angeblich hätte ich dann Penunse wie ein Prokonsul. Glaub' ich aber nicht.

Ja, richtig, es kommen Mahnungen, obwohl alles fristgerecht bezahlt ist. Eine säumige Kraft pflegt die Dateien
nicht, und schon spuckt der dortige Drucker eine Mah-
nung an mich aus. Ich muss denen schreiben, dort anru-
fen, den Zahlungsbeleg scannen oder kopieren, mailen,
obwohl ich dafür gar keine Zeit vergeuden möchte.

Ab Ende September beginnt der Schacher um die KFZ-
Versicherung. Die Sterbe- und Lebensversicherungen
sind viel zu niedrig, schreiben die lästigen Leute, welche
die alten Verträge samt alter Versicherungs-AG über-
nommen haben«. -

Ich sitze und sinne.

Da schaut Martha wieder herein. »Ich wollte es vorhin
schon sagen: Hast du daran gedacht, dass Tzschoppes
übermorgen kommen? Wie das bei dir wieder aussieht!«

Sie zieht den Kopf zurück und überlässt mich meiner
Scham. Auf dem Schreibtisch sieht es schlimm aus und
die Kästen quellen über. Was hält mich ab, sofort zu be-
ginnen? Unklar spüre ich die Scheu vor den vielen not-
wendigen Entscheidungen. Wo einordnen, wegschmei-
ßen oder aufheben, einen Karton suchen, alles rein und
aufschieben? Während der Prozess meiner Willensbil-
dung langsam anläuft, stürmt meine Frau erneut in mein
Kabinett und sagt erregt: »Eben sehe ich im Kalender,
die kommen ja schon morgen«.

Ich muss Wasser trinken und zwinge mich zu einer
Atemübung aus dem Joga-Kurs. Es hilft nicht. Trotzdem
ermanne ich mich und fange an. Den Papierkorb nehme
ich zwischen die Füße. Als er voll ist, schütte ich seinen
Inhalt großzügig in den Einkaufsbeutel von Baby-Walz,

wo das Schaukelpferd für Christian drin war. Halt, dazu
muss doch auch noch ein Zahlungsbeleg mit der Garan-
tieerklärung hier sein. Ich grabe mich in den Beutel, fin-
de nichts. Ach scheiß drauf, weiter! Sich bietende Ablage-
flächen sind voll belegt; ich lege schon im Flur auf dem
Fußboden ab. Jetzt sollte ich anfangen zu lochen und in
die Ordner zu heften, habe aber keinen Platz und nehme
dafür den Wohnzimmertisch. Marthas Dekoration ent-
ferne ich. Ich wische mir den Schweiß von der Stirne.
Jetzt fällt mir ein, dass es gefährlich ist, die eigenen Ad-
ressen ins Altpapier zu werfen. Sie könnten missbraucht
werden. Ich hole aus dem großen Beutel heraus, was ich
kann und stecke die Anschriften in den Aktenvernichter.
Wenn er zu viele Seiten auf einmal nehmen soll, streikt
er, so wie jetzt. Ich schalte um und lasse den Wulst Pa-
pierstreifen rückwärts wieder herauskommen. Sie fallen
auseinander auf den Teppich, ich öffne den Behälter und
drücke die Streifen zusammen. Vom aufsteigenden Pa-
pierstaub bekomme ich einen Hustenanfall.-
In diesem Moment erschien die Martha aus der Küche
und fragte, ob ich denn noch ganz bei Trost sei. Ich
lehnte mich auf. Dann wurde mir komisch.
Später sagt sie, ich hätte mit starren Augen laut gerufen:
»Ich bin ein Schreiber und beherberge Akten. In roten
Kästen lege ich die aktuelle Rente ab. Ich arbeite mich
frei durch mehrere Ordner. Schluss mit dem Dasein in
der Welt bei dieser Bürokratie«, soll ich laut gerufen haben.
Ich bestreite das energisch, obwohl ich keine klare Erinnerung an den Ausgang der Aktion habe.

Ein sächsischer Musterbrief

Neulich bei Maischberger ging es darum, ob uns der Papst Benedikt, wenn er nun kommt, helfen könnte. Ich habe das meiste davon aus der Diskussion vergessen, weil, na ja; für mich ist er nicht der Stellvertreter.

Frau Gloria von Thurn und Taxis war auch in der Runde und fiel mir dadurch auf, dass sie mehrmals als »Fürstin« angesprochen wurde, und sie bei der Erwähnung von Kondomen laut lachte. Substantielles hörte ich von ihr nicht. - Zu dem Titel *Fürstin* ist zu sagen, dass es den juristisch seit 1919 nicht mehr gibt. Mit der Weimarer Verfassung wurde die Abschaffung von Titeln und Privilegien des Adels beschlossen. *Fürst, Prinz, Graf, Baron* bzw. Freiherr und das *von und zu* sind seitdem nichts weiter als Bestandteile des Namens. Der bekannte Politiker nannte sich daher richtig Otto Graf Lambsdorf, nicht Graf Otto von…

Die gute Gloria hält aber noch viel mehr an den alten Zöpfen fest, denn ihre Adresse im Briefkopf lautet: »Ihre Durchlaucht Fürstin Gloria von…« usw.

Ach was, wer das und die deutschen Regelungen zu Namensrecht und Adelsstand genau wissen will, der soll bei WIKIPEDIA nachklicken. Außer einer Höflichkeitsbezeugung in der Anrede ist da von den Mitgliedern alter Adels-Häuser nichts mehr zu fordern. Das nimmt auch niemand mehr ernst außerhalb der Leserschaft gelber Blätter.

Die Sache mit den Kondomen fand ein Gesprächsteilnehmer gar nicht so lustig wie die adelige Dame, weil man auch nicht über die Tragödie der HIV- Seuche in

Teilen Afrikas lachen kann.

Der Auftritt ließ mich nachdenken. Denn zufällig hat mir doch neulich eine angeheiratete Cousine ein an mich gerichtetes Kuvert ihres kürzlich verstorbenen Mannes überreicht. Ich hatte nur kurz den Inhalt überflogen und die Blätter unter andere Papiere geschoben. Hektisch suchte ich danach, weil ich Angst hatte, sie bei meiner letzten Aufräumaktion weg geschmissen zu haben.

Ich fand sie.

Offenbar handelt es sich um die Abschrift eines Briefes an die »Fürstin«. Ob der die Adressatin erreicht hat? Ich bin ich nicht sicher. Warum hat mein Verwandter mir sein Schreiben hinterlassen? Damit es publik werden soll! Das Briefgeheimnis hat er aufgehoben. Weil ich gerne teile, lasse ich daher meine Leser an dem Erguss des alten Schlitzohres partizipieren. Hier folgt die originalgetreue Abschrift der Abschrift.

(Das im Text vorkommende Städtchen Lunzenau und die Rochsburg liegen in Westsachsen an der Zwickauer Mulde und gehörten einst zu den Gräflich-Schönburgischen Landen. Die Gloria ist eine geborene Schönburg.)

DER BRIEF

Lunzenau,.......

Eure Durchlaucht, sehr geehrte Fürstin Gloria von Thurn und Taxis, fürstliche Gnaden!

Also echt, mit dieser Anrede habe ich mich tüchtig geplagt; nun hab ich das genommen, was ich aus alten Büchern kenne. Wo hätt ich mich denn erkundigen kön-

nen? Meine Enkel wollen mir immer einen Pe-Ce auf-
schwatzen. Da könnte man alles, aber wirklich alles raus-
finden. Man würde quasi ins Hirn der Menschheit gucken, sagen die Jungs. Aber ich hab Angst, dass ich dabei
auf Synapsen von Kriminellen stoße, die mir krankes
Zeug in den Kasten meelen. Nein, ich lass das lieber.
Haben Sie denn privat so was? – Und gleich gar nicht
käme für mich dieses Onleinbänking infrage. Das mach
ich doch lieber auf der Post per Hand. Aber immer mehr
Poststellen werden zu gemacht. Wo das noch hinführen
soll? Normale Verkäuferinnen sollen plötzlich verzwickte
Post-Tarife wissen, wenn der Chef die Poststelle in den
Laden nimmt, wie der Bäcker hier um die Ecke. Früher
waren in unserem schönen Postamt bei der Kirche lauter
Beamte; Respektspersonen waren das. Sogar Schlimper
Gustaf, der das Faktotum auf der Post war, wurde von
uns Kindern ehrfürchtig gegrüßt. Wäre es nicht besser,
Ihre Familie, Frau Fürstin, täte die gesamte Post wieder
übernehmen und richtig lospauern? Die Thurn und Taxis
haben doch quasi die Post erfunden. Was sagen sie da-
zu? - Naja, war nur so ein Gedanke.
Sie fragen sich jetzt, was will der gute Mann von mir? -
Ich sags Ihnen. Als Lunzenauer Nachkomme ehemaliger
Untertanen Ihrer Vorfahren väterlicherseits habe ich
Verbindendes zwischen Ihnen und mir gefunden: Erstens haben sowohl Sie, als wie auch ich hier Wurzeln.
Ihre sind bis aufs Urgestein bekannt, meine liegen fla-
cher. Aber hier haben wir's schon: Soll ich mich etwa bei
meiner Ahnenforschung mit den Schlawinern im Internet einlassen? Nicht die Bohne! Die wollen mich bloß
abzocken und schieben mir einen frei erfundenen

Stammbaum unter. Das wäre nischt Neues. Die alten Habsburger wollten sogar vom Hause David, vom trojanischen Hektor, dem Aeneas und Julius Caesar abstammen.*) Wegen dem Verbindenden zwischen uns kommt hinzu, dass mein Vetter, der pensionierte Pfarrer Manfred Wandel mit Joachim, Grafen und Herrn von Schönburg-Glauchau die Klasse im Rochlitzer Gymnasium teilte. »Der war gut in Geschichte«, hat er mir erzählt, der Wandel Manfred über Ihren Herrn Vater. Und denken Sie, dem Manfred sein Vater, mein Onkel, der Wandel Walter, hat zu Kaisers Zeiten im gräflich-schönburgischen Amt Wechselburg Verwaltung gelernt. Vom ihm ist der Satz überliefert: »Ich lern zwar beim Grafen, aber ich kann keener wärn«. Immerhin hat er es bis zum Regierungsrat geschafft. Ihr erlauchter Herr Großvater muss demnach für seine Lehrjungs wirklich was getan haben. Das muss ich sagen, verehrte gnädige Frau, die Schönburgs hatten es nicht immer leicht. In feudalen Zeiten waren die Schönburgischen Lande umzingelt: Im Osten und Norden lauerten die albertinischen Wettiner, im Westen die ernestinischen Wettiner, überall Wettiner, die gerne eine Flurbereinigung zulasten der Grafen veranstaltet hätten. Andererseits hatten die Wettiner auch ihren Ärger mit den Schönburgern. Wenn zum Beispiel der Kurfürst in Dresden den adeligen Landtag gerade verabschiedet hatte, meistens mit mehr Steuerauflagen, und danach mit der Kutsche nach Regensburg zum Reichstag beim Kaiser rumpelte, wer saß schon wieder da? Natürlich, ein Schönburg. Die waren ja Reichsgrafen und da hatten die Sachsenherrscher schlechte Karten beim Kaiser mit ihrer ewigen Quenge-

lei. Treffen Sie die Leute, die ehemaligen Feinde hätt ich
beinahe gesagt, manchmal, wenn Adelsball im Hotel
Pupp in Karlsbad ist? – Aber jetzt mal zu Ihnen. Sie,
gnädige Fürstin haben es toll getroffen. Wir haben uns
Ihr Schloss Emmeram und die ausgestellten Schätze an-
geschaut. Mein lieber Scholli! Wer wienert denn das alles
immer wieder? Als ich wegen widriger Umstände hierzu-
lande noch nicht nach Bayern beziehungsweise ins NSW
(Nicht sozialistisches Wirtschaftssystem) reisen konnte,
da kannte ich Sie schon. Vom Westfernsehen. Wie Sie da
beim Gottschalk saßen, ha, der war in Sachen Etikette
total überfordert; bloß gebalzt hat er. Sie, Fürstin, mit
den vielen kleinen Teddys um den Ausschnitt, einmalig.
Und Ihre F r i s u r e n! Also von unserem Friseur
Krumbiegel waren die nicht. Den konnten Sie ja auch gar
nicht kennen, da spielten Sie noch mit lauter kleinen Af-
rikanern, als der den Damen von Lunzenau und Umgebung noch unkaputtbare Dauerwellen legte. Apropos
spielen; ich spielte mit meinen Kumpels in der Rochsburg »Räuber und Schambambek«. Bei meiner Mama
schwärmte ich auch immer von »meiner Rochsburg«.
Aber schon v o r 1945! Ich fühlte mich also damals kei-
nesfalls als *sozialistischer Eigentümer des Kulturerbes*, wies in
der DDR hieß, wenn ich das sagte, nein; dieses schöne,
imposante und geheimnisumwitterte Bauwerk rührte die
kindliche Seele an. Meiner jetzigen Seele geht's immer
noch so. Zu Grimms Märchen dachte ich mir immer die
Rochsburg hinzu. Schade, dass man Ihnen dort nicht mal
begegnen kann. Wissen Sie, die Leute hier hätten auch
gerne einen Abglanz ehemaliger Herrschaft. So ganz
ohne Adel, das ist auch nischt. Wolln Sie nicht mal wie-

der herkommen? Die Gegend hier ist industriell unbelastet, es gibt gute Luft jetzt, aber der Tourismus könnte noch bissel Pfeffer vertragen. Das mit der abgerissenen Weberei (2000 Leute!), der stillgelegten Papierfabrik, Strumpffabrik, Molkerei, Mützenfabrik usw. hätte nicht sein müssen. Passen Sie auf; ich male mir mal was aus: Wenn Sie damals die Breuel Birgitt von der Treuhand auf einer Party beiseite genommen und ihr gesteckt hätten, dass die armen Landsleute im Muldental ihre Buden noch brauchen. Solange, bis der große dicke Landschaftsgärtner aus Bonn alles zum Blühen gebracht hat und dass auch sämtliche Basar-Händler im Orient weiterhin auf Gebetsteppiche aus Lunzenau warten täten, gäbe es die Fabriken vielleicht noch. Hätte doch passieren können. Vielleicht wären da die Geschäfte weitergelaufen. Stellen Sie sich vor, was der Name *Lunzenau* auf den Teppichen hinten drauf bei den Moslems Gutes bewirken könnte. Vielleicht hätte einer von den Scheichs hier investiert? Als die noch Geld hatten. Das sollte aber jetzt kein Vorwurf sein!

Ach, und einen Camembert konnten die in Lunzenau machen, einsame Spitze sage ich Ihnen. Alles weg. Wenns den Käse jetzt noch gäbe, tät ich Ihnen einen schicken. Da könnten Sie sich mal einen *Obatzdn* machen, der wäre nicht von schlechten Eltern. Machen Sie sich manchmal selber was? Kocht eine Durchlaucht überhaupt? – Du lieber Himmel, ich komm vom Hundertsten ins Tausendste. Entschuldigen Sie, das muss mit dem Alter zusammen hängen. - Was ich sagen wollte; eine weitere Gemeinsamkeit zwischen uns ist die Liebe zum Theater. Ich hab Sie im Fernsehen mit Ihrem Auftritt im JEDERMANN gesehen. Toll! Sie haben Stimme und eine markante Aussprache. Schon gut, dass Sie gar nicht erst Sächsisch gelernt haben. Da bleibt nämlich immer was haften, auch wenn man wegzieht. Na und ich bin als Knabe im Krippenspiel aufgetreten. Als zweiter Hirte durfte ich mal in die Krippe gucken. Gut und gerne hätte ich den Joseph geben können. Aber ich hatte mich gegen den Herrn Pfarrer, der Regie führte, vermauliert. Erstens durfte Wecks Gisela ihre Puppe nicht in die Krippe legen und zweitens durften die Engel keine Flügel tragen; das würde entweihen, meinte unser Pastor. Beim Bauer Matthes hatten die Frauen beim Federn schleißen extra aufgepasst, dass genug lange weiße Gänsefedern heile blieben. Ich, manchmal bissel vorlaut, protestierte beim Pastor. Schon hatte ich meine Nebenrolle. Der stumme Blick in die leere Krippe war die Strafe. Ich bin noch heute gegen das sogenannte Regietheater. Der Parzival im Zweireiher und mit Aktentasche, oder im Matrosenanzug wie voriges Jahr in Bayreuth (Ich hab Sie in der Pause im Fernsehen gesehen.); in Leipzig tragen die Ritter im Lohengrin jetzt kurze Hosen. Was soll denn das? Tolerieren Sie so was? – Jedenfalls Ihre Darstellung in Ihrem Schlosshof war in Ordnung. Für die nächsten Aufführungen könnte ich mal ein Programm gebrauchen. Ach und dass Sie auch die Ulknudel (Entschuldigung!) machen können, konnte man bei der Verleihung des *Ordens wider den tierischen Ernst* in Aachen sehen. Sie traten als Putzfrau auf. Sie haben es gut gemeint mit Ihrem Adelskollegen Doktor Freiherr zu Guttenberg, wollten den erheitern. Aber der musste seinen Bruder schicken, der den Orden stellvertretend entgegen nahm.

Karl-Theodor hat sich die Freiheit genommen, bissel abzukupfern. Weg ist der Doktortitel. Aber mit »Freiherr« und dem »zu« hat er immer noch einen schönen langen Namen. Kreide hat er allerdings immer noch nicht gefressen. Für 19,99 € kann ich nachlesen, warum er »Vorerst gescheitert« ist. Werd ich aber nicht machen, das wären anderthalb Kasten Bier. Aber da ist noch nicht die letzte Messe gesungen. - Zurück zur Kunst: Für Ihre Bühne wäre unser Volkschor was gewesen! Aber, gibt's nicht mehr. Das deutsche Volkslied gilt ja heutzutage als unkuhl. Blödsinn! Ich kann mir nichts Schöneres vorstellen, als mit dem Lied *Sei mir gegrüßt viel tausendmal, holder holder Frühling*... auf den Lippen, von Rochsburg auf die Höllmühle zu wandern, wenn junges Grün das Tal schmückt. Was sagen Sie zum Volkslied an sich? Haben Sie noch paar Texte drauf? Kennen Sie den Weg an der Mulde lang? Auf der Höhe von »Amerika« bei Penig geht's links zur Höllmühle. Dort kann man aus einem Automaten Ziegen füttern und Karpfen gucken. Also da führ ich Sie gerne mal hin. Dora kommt mit. Und falls Sie Ihr Dirndl anziehen, der hab ich auch ein schönes gekauft. »Basst scho«, sagen doch Ihre Bazis immer, nichwar? Klingt prima für uns Sachsen. Basst scho. Also kurz und gut, Sie werden staunen, wie schön wirs hier haben. - Nun gehts weiter, verehrte gnädige Frau: Auch die Liebe zum Schreiben haben wir gemeinsam. Sie schreiben Bücher, ich schreibe für das *Lunzenauer Heimatblatt* Artikel. Das Blatt gibts kostenlos und erscheint jährlich zum ersten Dezember. Die Stadt tut sich aber schwer mit den Druckkosten. Da müssen paar Leute schon was spenden. Machen auch welche. Die Leute freuen sich immer auf die alten Erinnerungen. Ich hab im Staatsarchiv Chemnitz eine Notiz gefunden, dass ein Graf Schönburg gegen Lunzenauer Bürger und Bauern klagt, weil denen ihre Kinder nicht zu den pflichtgemäßen Diensten erschienen sind. Wenn sie wollen, verzichte ich auf die Ausarbeitung der Sache. Man soll ja auch nicht alles immer wieder aufrühern.

Unser Schloss gehört ja leider nicht in die Obhut der Staatlichen Verwaltung der Burgen, Schlösser und Gärten Sachsens. Es liegt dem Landkreis auf der Tasche. Wir tragen alle die Erhaltung mit. Machen wir aber gerne. Wenn ich auf der Sonnenterrasse vom *Muldenschlösschen* in Rochsburg sitze, einen Cappuccino und ein Stück Eierschecke vor mir habe, meine Rochsburg aus dem herrlichen Laubwald guckt, also da … na, das geht allen so, die bissel Sinn für Interesse, also fürs Höhere haben. Übrigens, meine Dora hat ein prima Rezept für die Eierschecke. Soll ich Ihnen das mal schicken?

Ich muss nochmal auf die Schwierigkeiten mit der Anrede zurückkommen: Wissen Sie, wie die Mecklenburg-Strelitzer früher ihren Herzog titulierten? »Dörchleuchting« haben die gesagt; das können Sie bei Fritz Reuter nachlesen, echt! Das klingt auf Platt direkt niedlich. Verstehen Sie Platt? Dadurch kommt man nämlich dahinter, was *Durchlaucht* überhaupt bedeutet. Solche Leute sind *durchleuchtet*. Wie fühlt sich das denn an? Eine *Erlaucht* ist *erleuchtet*, also da geht's nicht durch und durch, wie man's von Röntgenbildern kennt. Wir hier haben das früher gar nicht alles gewusst. Druckerzeugnisse aus der BRD wurden ja aus den West-Paketen rausgenommen, wo man mal so etwas hätte nachlesen können.

In der DDR war das mit dem »Durchleuchtet« eine ganz andere Sache, quasi eine Massenerscheinung. Sie wissen was ich meine. Aber jetzt höre ich Ähnliches aus der freien Welt; ob was dran ist?

Zurück. Uns hamse damals gesagt, die Adelstitel wären samt Privilegien 1918/19 abgeschafft worden. Behalten Sie Ihre ruhig weiter, denn ich sage immer: Ehre, wem Ehre gebührt. Sie sind hier als tüchtige Frau berühmt. Wie Sie den ganzen Kram gestemmt haben, Hut ab! Sie sollen ja auch Berater in die Wüste geschickt haben. Hab ich das richtig gehört? Wissen Sie, wenn ich schon »Wirtschaftsweise« höre. Die erklären immer hinterher, warum es nicht geklappt hat, dass die Politiker schuld sind, oder sie verschwinden eine Weile von der Bildschirmfläche, weil sie sich genieren, die geplatzte Prognose zuzugeben. Das mit den Gebrüdern Lehmann in Neu York vor drei Jahren haben die auch nicht vorhergesehen. Na ich hab denen keinen Groschen überlassen, diesen Bagaluten. Und Sie, verehrte Fürstin lassen sich auch nicht hinter die Fichte führen. Ihnen gegenüber trau ich mich eigentlich nicht von Karl Marx zu reden. Aber gucken Sie sich mal ganz entspannt dem seine selber entdeckten Ökonomischen Gesetze an. Da werden sie mir Recht geben, wenn Sie die mit den Nachrichten über die Globalisierung, Quelle, Opel, Bankpleiten, Börsenschkandale, Privatisierung von Gewinnen, aber Sozialisierung von Verlusten, und das alles vergleichen. Ich sag immer zu meiner Dora: »Ich bin froh, dass ich schon so alt bin«, wenn wieder ein neues Milliardenloch entdeckt oder die griechische Staatsbilanz gefälscht wurde, oder der Mist mit dem CE-O-Zwei …, ach, Sie wissen schon, was ich mei-

ne. Wie wird es unseren Enkeln dermal einst ergehen? Was mir aber auch Hoffnung macht, ist die Meldung, dass die Firma Steiff (die mit dem Knopf im Ohr, hallo, Ihre Teddys!) ihre gesamte Produktion von China wieder nach Deutschland zurück verlegt hat. »Weil Qualität billiger ist«, sagen die *jetzt*! – Sagen sie mal, kennen Sie diesen Herrn Hundt von den Unternehmern? Ich muss immer feixen, wie der aufheult, wenn es den Arbeitern und Angestellten mal bissel besser gehen soll. Da bricht für den sofort die ganze Weltwirtschaft zusammen. Da wackelt das Doppelkinn vor Empörung und die Tränensäcke hängen noch tiefer wie sonst. Aber daran kann man es sehen; wenn die Unternehmer so einen Wadenbeißer vor die Kameras schicken, sind die im Stillen selber so, na ja, nicht alle. Also ich halte Sie jetzt auf; ich rede schon von Stofftieren und anderen Hunden. Im Ernst, so wie jetzt kanns nicht weiter gehen. Der Club von Rom hat schon lange vor den Grenzen des Wachstums gewarnt. Der jetzige Generalsekretär, Herr Martin Lees hat neulich in einem Intervju gesagt, dass das immer noch gilt. Aber er wusste auch keine andere Lösung als wie, wir sollen die »Autoreifen korrekt aufpumpen« und »das Thermostat der Heizung« bissel »runter drehen«. Und die Jugend soll »wütend werden«, wenn die Alten die Ressourcen der Erde vergeuden und »ihre Kinder in dieser Misere zurücklassen« wollen. **
Ihr Herr Sohn kann sich wenigstens mit seinen Rennwagen den ganzen Frust von der Seele fahren. - Ach ja, es geht einem so viel durch den Kopf, wenn man ein aufgeklärter Rentner ist. Und dieserhalb freu ich mich auf den Gedankenaustausch mit Ihnen! Ich muss jetzt wirklich

Schluss machen, wir wollen einkaufen fahren. Ganz schnell noch eins: Über unsere Demokratie zum Beispiel könnte man sich stundenlang ausschütten. Sie haben ja auch gemerkt, was die wert ist. Weil Sie bei der vorletzten Wahl des Bundespräsidenten für die Frau Gesine Schwan gestimmt und die noch nach der Niederlage umarmt haben, hat Sie der Seehofer von der Liste für die letzte Bundesversammlung genommen. Machen sie sich nichts draus, denn der künftige bayerische Ministerpräsident zu Guttenberg setzt Sie dann wieder drauf! Na und das mit dem Außen-Guido, dem Radaupolitiker. Dieser Pseudo-Rhetoriker verwechselt (absichtlich?) die Dekadenten in der Gesellschaft. Das sind nämlich die Absahner ganz oben und nicht die Hartzer. Also, liebe Fürstin Gloria, wenn sie tatsächlich bis hierher gelesen haben, da sind wir uns schon ganz schön nahe gekommen. Danke, das weiß ich zu schätzen, macht mich bissel stolz. Nun gehen Sie bitte mal in sich und denken nach, ob Sie Lunzenau besuchen wollen und ob Sie nicht vielleicht die ganze Pablik-Rileeschen-Prozedur selber vorbereiten lassen. Sie haben da mehr Erfahrung. Bissel Rummel müssen wir schon veranstalten. Soll ja was bringen; mehr Leute sollen hierher kommen. Mit der Übernachtung finden wir schon was. Ich hol Sie auch gerne in Chemnitz mit meinem LADA vom Zug ab; die Muldental-Bahn von Glauchau nach Rochlitz fährt nicht mehr, die ist seinerzeit *gemehdornt* worden. Jetzt sind die Geleise zugewachsen. Sie müssten eventuell mit dem Bus über die Dörfer. Oder nehm Sie das Auto? Da brauchen wir ja noch eine Übernachtung für ihren Chauffeur. Aber da haben wir noch Zeit. Ich komme auch gerne nochmal hin, wenn es was zu bereden gibt. Ich leg mal noch die Konto-Nummer vom Heimatblatt Lunzenau mit bei, falls Sie, also, … nein, wir bleiben ganz diskret.

Für heute bedanke ich mich für die Aufmerksamkeit und grüße Sie herzlich. Grüßen sie auch Ihre ganze Familie recht schön von mir!

Mit vorzüglicher Hochachtung und immer zu diensten Ihr … …

PS: Wenn Sie nachprüfen wollen, was ich geschrieben habe, die Quellen:
*Gerhard Herm : Aufstieg des Hauses Habsburg
**Sächsische Zeitung vom 9./10. Januar 2010 Seite M3

Soweit der Brief.

Lustig wäre es schon, wüsste man, was die hohe Frau zu dieser Anmache gesagt hat oder sagen würde. Mein Cousin hat noch mehr solche Versuchsballone losgelassen. Er hat sich auch mit Journalisten gebalgt, weil er sich über Schlampigkeiten in der Berichterstattung, über Parteilichkeit, Einseitigkeit und Flachheit ärgern musste. Ich will noch ein Weiteres tun, um meinem abgeschiedenen Verwandten postum unter die Arme zu greifen und erhebe in seinem Sinne diese

Forderung:

Es muss ein TÜV für Journalisten eingeführt werden.
Weil es unter denen solche und solche gibt. Zu akzeptie-
ren sind aber nur jene, welche mir auf der Grundlage
einer umfassenden Bildung sowohl des Kopfes als auch
des Herzens die Welt erklären können. Viel zu oft sehe,
höre und lese ich von Leuten Sachen, die ganz ärgerlich
sind. Da erlaubt sich jemand, einen solchen Denker wie
Helmut Schmidt als wunderlichen alten Alleswisser zu
belächeln. Da mokieren sich Korrespondenten, dass die
verantwortlichen Politiker zu lange für eine Entscheidung brauchen. Fällen die eine solche aber zu schnell
und es treten unvorhergesehene schlechte Wirkungen
ein, wissen die gleichen Kritikaster sofort, dass man un-
überlegt, wenn nicht gar fahrlässig gehandelt hat.
(Berechtigte Kritik steht hier außer Frage!)
Frechheit, Profilierungssucht, schlechte Recherche,
Halbwissen und Ignoranz haben im Journalismus nichts
zu suchen. Selbst, wenn es sich um Nebensachen handelt. Zum Beispiel sagte der promovierte (!) Moderator
eines öffentlich-rechtlichen Senders während seiner Re-
portage über eine Prinzenhochzeit, dass nun Musik von
J o h a n n Friedrich Händel erklänge. Das war kein Ver-
sprecher, der berichtigt worden ist. Sicherer scheint mir
der Mann zu sein, wenn er über seine Mannschaft
Borussia Dortmund reflektiert. Einer verkündete, es
wären »die Gespräche zwischen den Politikern beider
Seiten erstummt«. Wieder ein anderer (Bayer) begründe-
te einen Vorschlag so: »Weil, das gehört so gemacht«.
Da kommt nichts von Berichtigung oder sprachlicher

Korrektur. Es geht einfach weiter. Nassforsch wird über alles hinweg geschwatzt, weil die Menschen vermeintlich unkritisch geworden sind. Es gibt aber außer der Kundschaft für Sozialpornographie in gewissen Nachmittagssendungen immer noch Menschen, denen ein verballhornter Komponisten-Name Unbehagen und Ärger bereitet, weil ihnen der historische Name gleich viel gilt, wie eine teure Sache.

Gegen das Verhunzen der Sprache wird schon viel unternommen. Ich hoffe, es finden sich dazu noch Fachleute, die meine Forderung nach Einrichtung einer übergreifenden Eignungsprüfung in Intervallen für die journalistische Praxis aufgreifen und durchsetzen.

Die Werbebranche hat ebenfalls Grund, über jeden Spruch erst dreimal nachzudenken, ehe er zum Beispiel in Fernsehen gesendet werden darf. Eines der fragwürdigen Beispiele aus der Gruppe der auslegbaren, nicht eindeutig verfassten Texte:

Der gutaussehende Mann sagt mit tiefem Blick in die Kamera: »Früher hatte ich oft Erektionsstörungen. Das hat mich schon sehr belastet«. Nach einem Schnitt sagt er: «Dank … (er nennt das Mittel) habe ich keine Probleme mehr mit Erektionsstörungen«.

Und nun? Ist es besser oder egal?

Selamse

Mit Fritz waren wir schon an der Ostsee gewesen. Heuer, als er seine ersten großen Schulferien hatte, nahmen wir ihn mit in die Alpen. Noch kurz vor dem Zielort, wir hatten 600 km zurückgelegt, fragte er, ob wir heute noch baden gehen würden. Nun, das werden wir sehen, sagten wir. Zuerst müssen wir das Zimmer beziehen, die Koffer auspacken und die Schränke einräumen. »Aber dann gehen wir baden«, beharrte der Junge. Nach der üblichen Prozedur im Hotel fragten wir ihn, wie spät es auf seiner Uhr wäre? Er sagte, der kleine Zeiger stünde kurz vor der Sechs und der große ginge auf die Zwölf zu. »Na und wie spät ist es dann gleich?«

»Um sechs.«

»Richtig, und da macht das Strandbad zu.«

Ruhe.

»Aber nach dem Abendessen könnten wir doch noch gucken.«

»Ja, das machen wir immer so, wir schauen uns den Ort an.«

»Wie weit ist es bis zum Wasser?«

»Wissen wir nicht«.

Ruhe.

Nun standen wir nach kurzer Strecke auf dem Platz vor dem *Grande Hotel*.

(Unseres war nur ein Sporthotel.)

Martha schaute mich mit erschrockener Mine fragend an. Ich war genauso verblüfft und zuckte die Achseln.

Fritz fragte halblaut: »Opa, was sind denn das für schwarze Frauen«?

»Das scheinen arabische Frauen zu sein«.

»Und die Männer«?

»Das sind die mit den schwarzen Haaren und Bärten, die drei Schritte vor den Frauen gehen«.

»Opa, warum haben denn die schwarzen Frauen den Mund zugebunden«?

»Sie sind verschleiert, damit fremde Männer nicht sehen können, wie schön sie sind«.

»Warum«... Und so weiter.

Fritz bemerkte am anderen Morgen, dass keine Kinder da wären und das würde hier langweilig werden. Wie viel Tage es noch dauern würde, bis wir wieder nach Hause führen.

Wir überspielten seine Zweifel. Aber ich dachte nach und fand heraus: Die deutsche Normalfamilie mit zwei Kindern haben die Pinsgauer mit ihren Preisen verscheucht. Und nun feiern sie die geniale Idee jenes Reisekaufmanns, der ihnen die Töchter der Wüste und die Söhne des Öls herschickt. Und der Stadtkämmerer konnte ein paar Straßenkehrer einsparen, weil die fremden Frauen mit den Burkas in den Straßen von *Selamse* von der Mitte her schon gute Vorarbeit leisten.

Die Legato-Interpretation des Ortsnamens hörte ich, als wieder ein Luxusbus, eben vom Flughafen Salzburg kommend, Orientalen brachte. Ein dunkler Typ begrüßte sie offenbar auf Arabisch und wies mit großer Geste, die offene Hand kreisen lassend auf das Ambiente.

»Willkommen in Selamse«, sagte er wohl. Jedenfalls verstand ich »Selamse«. Der große Bus hatte einen Hänger, für die Gepäckteile, die nicht in seinen Unterbau passten.

Ich beobachtete Tage später, dass die drei Geschäfte für Taschen und Koffer stark frequentiert wurden, weil die Leute aus Kuweit und anderen Golfstaaten viel einge- kauft hatten, was sie nun zusätzlich einpacken mussten.

Am Abend unserer Ankunft waren wir noch bis an den See gelangt. Wir schauten betont auf die nur mit einer Person besetzte Bank und setzten uns knapp neben eine der wenigen Unverhüllten, eine schöne junge schwarz- haarige Frau. Fritz erspähte kleine Boote mit Lenkrad und Elektroantrieb. Sie glitten leise und mit mäßiger Ge- schwindigkeit durch das Wasser. An den Steuerrädern saßen in stolzer Haltung Männer und hinter ihnen jeweils eine bis zwei schwarz verhüllte Damen. Diese hielten ihre iPhones oder iPads hoch und filmten im sanften Gleiten des Schiffleins See und Bergkulisse.

»Opa, fahren wir auch mit so einem Boot?«

»Ja, machen wir, gleich morgen früh.« - Jubel.

Die Schöne neben uns sprach mit sanfter Stimme auf ihren vielleicht achtjährigen Sohn ein, weil er monierte, dass seine Bäckertüte mit den eben noch darin liegenden Semmeln leer war. Mir kam es vor, als rülpsten die Schwäne, die er übermäßig gefüttert hatte. Ich weiß nicht, ob er diese Tiere zum ersten Male sah. Jedenfalls war er begeistert und legte sich schließlich auf die Plan- ken des Stegs, um die schönen weißen Tiere womöglich zu streicheln. Fritz konnte da nur lachen. Der junge Ara- ber nahm aber gar keine Notiz von ihm. Da erschien das männliche Oberhaupt der Familie und tat sichtlich ver- wundert, warum seine Frau neben uns saß. Er gurgelte ein Kommando, die Frau ordnete ihre Tasche und mach- te Anstalten zu gehen. Wir waren schneller und ich machte zu ihr meine kleine Verbeugung. Sie schaute aber nicht hoch. Der Mann ließ noch einige Kehllaute und Zungenroller vernehmen. Wahrscheinlich machte er ihr klar, dass sie demnächst Abstand von solchen wie uns zu wahren hätte.

»Opa, wann krieg ich so ein Ding?« Fritz schaute auf einen kleinen arabischen Jungen, der mit Werkzeug aus der Vielzahl seines dicken Schweizer Offiziersmessers hinter das Geheimnis seines iPads zu kommen suchte. Wir sagten zu Fritz, dass seine Eltern für die Frage zuständig seien; wir nur hoffen könnten, dass er solches gefährliches Spielzeug nicht vor dem siebzehnten Geburtstag erhalte.

»Ooch«, machte Fritz.

Die Großmutter des Elektronik-Freaks bellte heiser durch den Schleier, um ihn davon ab zu bringen, in das flache Gerät gucken zu wollen. Manche, sehr reife, arabische Frauen ließen ihr Gesicht sehen. Sie haben alle einen traurigen oder melancholischen Ausdruck, dem auch durch Mundstellung nach unten und Tränensäcke etwas wie Überdruss Ausschauendes beigefügt ist. Ich bin kein Kenner arabischen Lebens, kann daher den Grund für diese Prägung der Gesichter nicht nennen. Wie es aussieht, wenn eine verschleierte *Umm* (übersetze ich mit *würdige Dame*) den unteren Schleier anhebt, um die Eistüte zum Mund zu führen, muss man gesehen haben. Ich durfte auf Anweisung Marthas nicht lachen. Man weiß ja nicht, aus welcher Entfernung und Richtung der zugehörige Mann zuschaut.

Da hat sie Recht, die Martha.

Aber sie war es auch, die mir die Frage stellte, ob ich mit meiner immensen Beobachtungsgabe den Gang der arabischen Männer erklären könnte. Ha, ganz schnell und einfach, sagte ich. Da man im Wüstensand den Fuß nicht abrollen kann, weil er beim Druck des Ballens zum Zwecke des Vorwärtskommens nach hinten wegrutscht, gehen sie so. Sie setzen den ganzen Fuß auf, wegen des Drucks und gehen deshalb sehr gerade. Weil sie die Beine etwas nach außen richten, wenn sie sie wie in einem Präsentierschritt nach vorn werfen, sieht das so gravitätisch aus. Der Eindruck deckt sich eigenartiger Weise mit ihrem Selbstwert-Gefühl. (Das ist ein fragwürdiges Wort. Aber hier muss es stehen.)

Das Bootfahren mit Fritz war klasse. Ich war der Kapitän und er der Steuermann. Er wusste schon, was Back- und Steuerbord bedeuten und für 18 Euro hatten wir eine tolle Stunde. Danach fuhren wir zu Dritt auf den Schmitten. Als wir wieder unten waren, hatte ich für Beförderung und kleinen Imbiss 105,00 Euro bezahlt.

Abends spielte die Stadtkapelle im Pavillon am See und wir waren über das solide Musizieren erfreut. (Freier Eintritt!) In den voll besetzten Bankreihen saßen auch die weitergereisten Gäste. Müssen sie auch, statistisch gesehen, denn Ihrer waren aktuell sechstausend. Wo sollen sie denn auch alle hin? - Der Dirigent begrüßte nach einem *boarischen Landler* den Herrn »Kreishauptmann außer Dienst«, welcher sich inmitten der großen Menge erhob und huldvoll mit staatsmännischer Geste rundum grüßte. Martha, die mit mir einig ist über das nostalgische »k.u.k.-Gebaren« der Ösis, sagte zu mir her gewandt: »Und dich, einen echten Hofrat, begrüßt er nicht.«

Ich dankte ihr für ihr Mitgefühl.

Die Leser des PANAMAHUTES wissen schon von meiner Zurückhaltung gegenüber gewissen Äußerungen österreichischer Lebensart. Ich sprach dort von einer theatralischen Veranlagung der Wiener. Wie richtig ich damit lag oder liege, bestätigte mir ein Gespräch an einer Tankstelle vor der Großglockner Hochalpenstraße. Wie wir auf die Wiener kamen, weiß ich nicht mehr. Jedenfalls fragte mich der Tankwart, warum der Wiener nicht Verstecken spielt. Ich wusste es nicht. »Na weil er weiß, dass ihn keiner sucht«, sagte der Mann feixend. In diesem Zusammenhang muss ich hier noch loswerden, was mich an der österreichischen Version unserer Sprache unter vielem anderen stört: Die Menschen wohnen dort nicht *auf dem* sondern *am* Land. Ich frage mich, wie das gehen soll. Sie wohnen dann bestimmt mit dem Hausboot an der Schnittstelle zwischen Land und Wasser. Der Bauer arbeitet *am* Feld, nie drinnen bis zur Mitte. Das ist nicht gut für die Erträge! Unser Wirt sagte zu mir, ich könne mein Auto *am* Parkplatz abstellen. Ich sagte, ich würde gerne drauf fahren, *auf* den Platz, falls die Straße *am* Parkplatz mal voll wäre. Er sah mich ratlos an; ich ging, um auf dem Parkplatz noch einen Platz am Haus zu erwischen, wegen des Schattens. Das hätte der gar nicht alles verstanden. Der Duden kennt dieses spezielle Problem nicht. Er erlaubt den Ösis sogar Sachen wie „Deka". Die kaufen statt hundert Gramm Wurst „zehn Deka". Manche stört so etwas nicht, aber mich. Zumal, haha, es Österreicher gibt, die meinen, sie sprächen das beste Deutsch.

Auf verschiedenen Ausflügen beobachteten wir, dass

die arabischen Freunde auch ausschwärmten. Auf der neu angelegten Plattform bei 3029 Metern am (!) Kitzsteinhorn, wo man einen grausigen Blick durch das Gittermetall nach unten hat, sah ich zwei junge Araber in einer Art Schlafanzughosen und lockerem Hemd. Ihre nackten Füße steckten in dünnen Sandaletten. Nach nur einem Augenblick verschwanden sie im Seilbahnhaus und nahmen die nächste Bahn nach unten. Ich zog den Reißverschluss meiner Fleesjacke hoch, die mich unter der Windjacke wärmte.

Die letzten 200 Meter zu Fuß zum Gipfel nahm ich nicht in Angriff, weil ich durch mein Fernglas die Leute auf allen Vieren kraxeln sah. Diese Niederlage ging mir nicht aus dem Kopf.

Martha und Fritz erlustigten sich zu der Zeit im Strandbad.

Fritz leistete Beträchtliches auf der Wasser-Rutsche, übte 998 mal die Arschbombe und machte beim Kopfsprung, ich sage immer noch *Hecht*, Fortschritte. Ich kann das hier einstreuen, weil ich ja schon persönlich seinem sportlichen Tun zugeschaut hatte.

Ich schämte mich also wegen des Kneifens vor den läppischen 200 Höhenmetern. Auf der ersten Gondelstation von oben herunter machte ich Halt und trank ein Weißbier für fünf Euro. Im daraus resultierenden Übermut fragte ich den Kellner, wie lange ich bis zur Talstation gehen würde. »Fünfzig Minuten. Aber paar grobe Steine sein scho da, des wissens scho.«

Ich hätte es wissen müssen, dass man Angehörigen von Bergvölkern solche Fragen nicht stellen darf. Entweder, sie verarschen einen von vorn herein, oder sie sagen die Zeit eines 29-Jährigen Bergführers. Ich ging los und dachte nach kurzer Zeit, ob es geraten sei, umzukehren. Aber da musste ich schon nach oben schauen und kapitulierte vor dem Anstieg. Also weiter!

Ich kürze die Sache ab: Die Schotterpiste endete unvermittelt. Auf Gamssteigen ging es steil abwärts, dann lange im Zick Zack an der Berglehne entlang, über kleine Sturzbäche, immer mit dem Blick auf die Dächer der nächsten Umsteigestation. Aber da hinunter konnte ich auf dem Halbkreis dieses Weges keinen Pfad erkennen. Von dieser Station aus erst überschwebt die Bahn das längste Stück bis zur Talstation.

Ich brauchte drei Stunden für das Teilstück.

Und ich brauchte Pflaster für die Zehen und Einreibung für die Knie. Wenn ich jedoch jetzt hier so sitze, denke ich, dass es gut und schön war!

In Kitzbühel sahen wir keine Araber, zu mindestens keine weiblichen in ihrer Landestracht. Dagegen zeigte die Kellnerin ihr reiches Angebot im Oberteil ihres Dirndls.

»Opa, werden wir auch den Kaiser sehen? Du hast doch gesagt, der wohnt hier«.

»Ich glaube nicht. Aber weißt du, wir werden an ihn denken, wenn wir einen Kaiserschmarrn essen.«

Fritz kannte diesen noch nicht, wagte aber, meinem Vorschlag zu zustimmen. Es war der beste Schmarrn, den ich bisher gegessen hatte. Und der teuerste; na macht nix. Die Rosinen waren in altem Jamaika-Rum eingeweicht worden.

Sehr schön war die Erfahrung, die wir der nächsten Busfahrt verdanken. Wir fuhren nach Thumersbach. Das liegt genau gegenüber am See. Wenn, dann fahren wir nächstes Mal dorthin. Da ist es ruhiger. Fritz fand auch das Strandbad besser als das in Zell am See.

Moment mal!

Toll war's schon, wie der geplaudert und gelesen hat. Natürlich muss einer aufpassen, wenn der liest. Da kannst du nicht erst lange nachdenken, was war denn gleich dieses *Syntagma*. Ehe du das vielleicht heraus kramst, ist die Post schon abgefahren, hast du was verpasst.

Merken und zu Hause nachgucken!

Martha, wie auch unsere Freundin Christa, beide Matronen, hatten verzückte Minen, schon als Der groß und schlank im dunklen Anzug ohne Schlips, zwei Hemdknöpfe offen, aber mit polierten schwarzen Schuhen auf die Bühne lief.

»Der kann sogar auf der Bühne gehen«, dachte ich. »Das wird sein Bühnenpartner, der Hildebrand, erst geprüft haben. Der achtet nach eigenen Worten nämlich auf so etwas. Und Haare hat er auch noch. Die wissen zwar noch nicht genau, wann sie alle zusammen grau sein werden, aber ziemlich reichlich sind sie noch versammelt«.

Er hat aus seinem neuen Buch gelesen, in dem es keine Handlung gibt, aber jede Menge Momente. *Augenblicke* werden *gefeiert*, wie im Klappentext von »MOMENTUM« steht. Dort steht auch, man könne das Buch als *Anleitung* benutzen, *die entscheidenden Momente* im Leben *zu erkennen.*

Oha, da hapert's tatsächlich bei Vielen. Hier sieht man, wie wichtig so ein Buch ist. Ich habe nur den Verdacht, dass es von den unsicheren Kantonisten nicht gelesen wird. Gerade solche, die was lernen sollen, erkennen zwischen Fantasy- und Krimi-Kram eben nicht, was sie dringend brauchen.

Ich dagegen habe sofort einen solchen Moment erkannt. Nämlich, als er vom Signiertisch aufstand, um Martha und mir die Hand zu geben. Nur weil ich ihm mal geschrieben hatte, was mir an seinen Produkten gefällt, erkannte er uns an unseren Namen. Da manifestierte sich mein Eindruck: der ist nicht abgefahren, meint es ehrlich mit den Menschen, ist nicht nur reich gesegnet mit Verstand, sondern auch mit Herz und Güte, der Roger Willemsen!

Ich muss als Schreiber trotzdem weiter machen, auch wenn der die Wechselfälle des Lebens erschöpfend seziert und protokolliert. Bestimmt gibt's für mich noch paar Ecken auszuräumen, auch wenn mein Besen nicht so scharf kehrt, wie dem seiner.

Ich schreib mal hier ein Beispiel auf: Heute früh, kurz nach fünf ist mir eingefallen, dass ich bei der Lesung keinen Mann mit Tiefbundhose (TBH) gesehen habe. Das war leicht festzustellen, weil die Weiber in der Überzahl waren. Die Gedankenkette verlief dann so: TBH - fetter Mann - fette Männer - Gaius Julius Caesar. Der hätte nie gesagt: »Lasst fette Männer um mich sein«, wenn die damals nicht in der kleidsamen Toga, sondern in der Tiefbundhose gewandelt wären. Denn der war ein Ästhet. Leider gibt es den Satz nicht im authentischen Latein. Das würde meinen Einfall noch aufpeppen. Die Worte hat der Shakespeare seinem Caesar auf Englisch in den Mund gelegt. Aber trotzdem; meine Verknüpfung eines weltweit bekannten Zitates aus der Hochliteratur mit der Tiefbundhose lässt bestimmt auch den Kollegen Roger Willemsen staunen.

Sehnsucht nach einem Bild

Meine Druckerpatronen waren leer; ich musste in die Stadt. Meine Gedanken waren von der traurigen Art. Ich dachte an die Patronen dergestalt, dass ich mir für den Preis zweier Sätze schon einen neuen Drucker kaufen könnte. Lassen wir das; ich will keinen Juristenzoff mit den Produzenten von Geräten und Original-Tinten.
Mein Außenthermometer zeigte 25°C an. Ich nahm die Straßenbahn, wo das begann, was ich hier thematisieren muss:
An der Kreuzkirche sah ich in den Außenbereichen mehrerer Gaststätten, wie Leute Eis aßen. Ich kalkulierte die heute bereits aufgenommenen Kilo-Kalorien, erteilte mir eine Freigabe und suchte nun einen schönen Platz unter einem hellen Sonnenschirm.
Mein Stuhl stand so, dass ich über den Altmarkt in Richtung Kulturpalast / Schloss schaute. »Wie schön«, dachte ich, »kannst du eigentlich jeden Tag für wenig Geld haben«. Aber da saß in meinem Blickfeld eine weibliche Person, in der ich erschreckt Nina Hagen zu erkennen glaubte. »Na heute übertrifft sie sich selbst. So dekoriert war sie sogar selten im Fernsehen«, dachte ich in den ersten Sekunden. Aber dann erkannte ich, dass es nicht die Nina war. Dieses Exemplar eines Paradiesvogels war jünger. Das Haar von hellem Grün über Blau, Violett bis Rot-Orange, toll auftoupiert, wirkte wie gefärbte Zuckerwatte. Ganz oben trug die Dame eine fantastische Seidenblume im Haar, deren Farben mit den Haarfarben korrespondierten. Die riesigen orientalisch anmutenden Ohrgehänge zogen die Ohrläppchen in die Länge. Am

Hals rechts begann die Tätowierung. Wie und wie weit diese sich über den Körper fortsetzte, ist schwer einzuschätzen, jedenfalls kam sie an den Waden wieder heraus. Ach halt, das Gesicht: Es war von ungesunder Blässe, welche die Kontraste zum Makeup von Augen und Mund unterstützte. Aus dem Schwarz der Augenumrandung blitzte gefährlich das Weiß der Augäpfel. Der Eindruck einer Verwandtschaft zu den Draculas entstand aber hauptsächlich durch zwei Piercings in den Mundwinkeln, so dass man von weitem annehmen konnte, es ragten die Augenzähne heraus. Die Kleidung zu beschreiben tu ich mich schwer, weil sie zu unübersichtlich war und der Tisch viel davon verdeckte. Ich sah auch nur einen Schuh, dessen Sohle wie ein schwerer Schmiedehammer aussah. Genug gesehen erhob ich mich und nahm den gegenüberliegenden Stuhl, der mir den Blick auf den breiten Gehsteig vor dem Café eröffnete.

Aber was für eine unglückliche Entscheidung. Nun musste ich nämlich das unablässige Defilee der FußgängerInnen sehen. Ich hatte schon vor, die Bedienung um ein Blatt Papier zu bitten, damit ich eine Strichliste anfertigen könnte. Ich wollte in einer festgelegten Zeit erfassen, wie viele Leute noch akzeptabel gekleidet waren und wie viele nicht. Aber auch ohne solche Feldforschung kam ich zu der groben Schätzung, dass nur fünfzehn Prozent das Auge nicht beleidigten. Die freigelegten Hautflächen auf adipösen Körpern, die in Hosen gezwängten Hintern, bei denen man nie auf den Gedanke käme, sie nackt sehen zu wollen, überwogen. Alle Hässlichkeiten wurden getoppt von Frauen, die ihre 100 bis 150 Kilogramm in Leggins aus Gewirke gefüllt, vorüber wogten. Diese Stoffe bilden Konturen ab, die eigentlich nur Fachärzte sehen sollten. Shirts und Achselhemden, welche die oberflächliche Anatomie preisgeben, auch die nur von einer Schulter gehaltenen lockeren Tops, lasse ich den Leser sich selber vorstellen. Er möge sich die ausgewaschenen Träger von Büstenhaltern dazu denken und ist damit genug belastet. Die mit Farbresten eines Autolackierers betünchten Frisuren, links- oder rechtslastig angebrachte Haare und einseitig glattgeschorene Kopfhälften will ich auch nur am Rande erwähnen. Die monsterhafte Ausstattung von Nasen, Lippen und Ohren mit Metallteilen braucht, ohne hier Einzelheiten aufzuführen, nur hinzu gedacht werden. Als hätten sie sich verabredet, trugen die fetten Männer bunte Hemden lose über dem Bund der Tiefbundhosen. Geht doch! Auch hängende Shirts verdeckten überhängende Bäuche. Aber da waren wieder die protzend seitwärts gespreizten Arme, die meisten übel bebildert.

»Was ist nur aus den Landsleuten geworden«, dachte ich. So viele haben allen Geschmack verloren. Es gibt keine Hemmungen mehr, die früher bestanden, wenn sich der Mensch zufällig in ganz privater Situation, mit noch nicht korrekter Bekleidung zeigen sollte oder unabsichtlich zeigte. Ich hatte den Gedanken, wie gut jetzt ein plötzlicher Kälteeinbruch zu pass käme oder wie schön, wenn es unvermittelt Winter wäre. Weil der Gedanke absurd war, sann ich darüber nach, wie ich die schrecklichen Bilder loswerden könnte. Plötzlich wusste ich es, zahlte für das in beklemmender Ablenkung gedankenverloren verzehrte Eis und ging zielgerichtet zum »Schokoladenmädchen« in die Semper-Galerie.

Ich genoss das einzigartige Pastellgemälde Liotards lange Zeit, das natürlich schöne Gesicht, die Haltung, die züchtige Kleidung, die frisch entfaltete Seidenschürze, ach alles. Wehmütig gedachte ich des großenteils abhanden gekommenen weiblichen Liebreizes in der öffentlichen Anschauung an bestimmten Plätzen zu bestimmten Zeiten. Unerklärlich schien mir die Entwicklung des Kostüms bis zu den heutigen Entgleisungen, bis zur freimütigen Darstellung des Ordinären. Ich bin mir sicher, dass auch Menschen, die es besser wissen, in die Sommer-Schlamperei hinein gezogen werden, weil sie sich sagen: »Laufen doch alle so rum« und weil es so bequem ist.

Anmut, wo bist Du geblieben? Die von Textil-Discountern gelenkte Zwangs-Kollektivierung unter dem schlechten Geschmack lässt Dich an manchen Stellen verschwinden.

Mein Bannstrahl, hätte ich einen, träfe die Tätowierer und farbpantschenden Frisösen, die dem ehrwürdigen Handwerk der Barbiere und Haarschneider Schande machen. Lasst die gescheckten Pferde dem Zirkus, die närrische Buntheit dem Karneval! Und redet mir ja nicht von Mode! Was ich gesehen habe, es mag temporär und örtlich begrenzt sein; es ist würdelose Halbverpackung von IgnoranTinnen. Und sprecht mir nicht von »Spaß«, den dieser Aufzug angeblich bereitet. Solchen Spaß verstehe ich nicht! Ich mag gar nicht darüber nachdenken, dass solche Leute Kinder groß ziehen. Welche Bilder und Vorstellungen kriegen die armen Bälger unverschuldet fürs Leben aufgebürdet?!

Verallgemeinerung ist immer eine heikle Angelegenheit. Daher bin ich froh, dass mir gerade noch eingefallen ist, von temporärer und örtlicher Begrenzung des Ramsch-Spektakels zu schreiben. Denn man findet schon noch Schönheit und Anmut. Sie geht nur eben leicht unter im Gewimmel städtischen Flanierens.

Doch sieh da! Auf dem Wege zur Elf kamen mir zwei junge Frauen in reizenden Sommerkleidchen entgegen. Ich schaute erfreut in ihre hübschen Gesichter, umrahmt von schönem Haar, und ich hörte sie dann in meinem Rücken ein bisschen kichern.

Das störte mich aber nicht. Ich weiß selber, worauf ich im Alter verzichten muss.

Neues direkt von der neuen Brücke

Bei geeignetem Wetter spaziere ich jetzt häufig über unsere neue Brücke; jene, wegen der wir den Welterbe-Titel verloren haben, nämlich die Waldschlösschenbrücke. Neue Perspektiven entdeckt man da elbeauf- und elbeabwärts. Übrigens, auch ohne den Titel sind die Touristen-Zahlen und die Übernachtungen in Dresden jährlich gestiegen, sogar trotz Hochwassers.

Interessant ist es, aufzupassen, ob einer in die Radarfallen braust, die links und rechts auf der Neustädter Hälfte der Brücke installiert sind. Das beobachten Viele und unterdrücken kaum Laute der Genugtuung, wenn es geklappt hat. Bequem kann man solche Beobachtungen von der Terrasse über dem Tunnelportal auf der Neustädter Seite machen. Daher nenne ich diesen Ort »Galerie der Schadenfreude«.

Gestern schlenderte ich wieder bei bestem Frühherbstwetter auf dem markierten Fußweg am Geländer entlang. Alle paar Meter blieb ich stehen, weil *August der Starke* der *Gräfin Cosel* begegnete. Beide grüßten sich mit ihren Dampfpfeifen, zumindest klingt es wie Dampfpfeifen. (Ich habe das Wort noch nie geschrieben. Möchte wissen, wie Ausländer dieses sprachlich bewältigen.) Kaum waren die beiden weiter gefahren, kam ein Kahn aus der Tschechei von oben. Ein dickes Motorboot schoss über eine Heckwelle Augusts des Starken und knallte hart aufs Wasser. Der junge, coole Skipper stand noch und fuhr weiter Vollgas, des Spritpreises nicht achtend, weil er viele Zuschauer auf der Brücke wusste. Schöne Kumuluswolken unter tiefblauem Firmament sorgten für abwechselnde Beleuchtung der Elbschlösser und Villen im Grün vieler Bäume. Auch die berühmten Bauten in der Altstadt freuten sich des Wechselspiels von Licht und Schatten. Ich fühlte mich privilegiert und dachte: »Das alles fußläufig erreichen zu können, dafür müssen andere eine teure Reise unternehmen«. Zufrieden ging ich langsam weiter, würdigte dabei, wie gut das Kraft-Training für meine Knie sich auswirkte, setzte die Sonnenbrille auf - und gleich wieder ab. Ich brauchte die Normalbrille, um auf dem Rücken der schwarzen Weste, von einer jungen Frau getragen, die weiße Inschrift zu lesen. Der Sonnenbrille unterstellte ich Täuschung. Nein, es stimmte. Auf dieser Weste stand, wahrscheinlich selbst gepinselt:

Kein Gott
Kein Staat
Kein Fleischsalat

Ich sah zweimal hin, damit ich mir ganz sicher sein konnte. An der Seite der Frau ging ein ebenso junger Mann. Beide vorwiegend in Schwarz gekleidet und beim Überholen konnte ich im Augenwinkel etliches Metall an Kleidung und Händen, sowie im Gesicht ausmachen. Ich ging schneller und überdachte in rasender Geschwindigkeit, was ich tun sollte. Ich ermannte mich, blieb stehen, setzte meine freundlichste Miene auf und sagte:
»Guten Tag, Sie werden verzeihen dass ich Sie so unvermittelt anspreche. Mützenhausen mein Name«.
»Nu was is denn?«
»Ihr Motto auf dem Rücken, junge Frau, macht mich

ratlos«.

»Das is das Moddo for alle beede«, sagte der junge Mann.

»Tchja gut«,erwiderte ich, »hätten Sie Zeit und Muße, mit mir darüber zu diskutieren?«

Sie sagte jetzt: »Da gibts gor nüscht zu disgudiern. Den Klimbim mit dr Kersche brauchn mir nich, die Spaggis in Berlin och nich, in Dräsdn glei gor nich, vorscheißern könn mir uns selber. Un Diere soll ooch keener mehr essen. Hamse mal än Hiehnerstall mit baar dausend armen Viechern gesähn? Warn se schon mal uff än Schlachdhof? Da vergehds Ihn, so krass is das«.

Sie nahm aus einem Beutelchen je zwei Gummibärchen für sich und ihn.

Ich fragte: »Wussten sie, dass der Grundstoff für diese süßen Sachen, die Gelatine, aus Schweineschwarten gemacht wird«?

Der Mann sah mich feindselig an und ihr wäre das eine Bärchen fast aus dem Munde gefallen. »Das gloom se doch selber nich«, sagte sie. Ich entgegnete, das könne ich ihr schriftlich geben. »Und ich schaue gerade auf Ihre Lederschuhe, wie die wohl entstanden sind?«

»Nu horsch ä ma druff Oba, haste nischt anderes zu dun? Musste uns hier anmachen«, fragte der Mann so böse, wie er guckte. Ich wollte nicht locker lassen und ging nun ans Veräppeln: »Ich denke, Sie sollten über einen Kompromiss nachdenken. Gerade Fleischsalat mit viel Mayonnaise und Gurke statt lauter Fleisch ist ein solcher. Außerdem befindet sich in den Streifen aus Fleischwurst eine Menge Wasser. Das wäre doch ein Vorschlag zur Güte. Ich will Sie ja gar nicht zu einem Hüftsteak vom Jungbullen überreden. Obwohl das diese

Woche bei Rewe grade im Angebot ist«. Jetzt wurde es den beiden zu bunt und sie hätten mich beinahe zur Seite gestoßen. Ich rief ihnen nach, wir hätten noch gar nichts über die beiden anderen Sachen besprechen können. Da drehten sie sich um und zeigten mir zwei Gesten, den Mittelfinger und den Vogel. Ich dachte: »Recht haben sie, warum musst du auch solche ignoranten Typen anquatschen«. Die andere Stimme sagte: »Na weil du der Mützenhausen bist«.

Über Weltreligionen und die großen Staatstheoretiker von Platon bis Hardenberg, vom Stein und Fichte, von Machiavelli bis Brüderle mit den Leuten zu reden, wäre sicher auch an der durch keine ernste Theorie untermauerten Überzeugung der beiden gescheitert. Dies bedenkend, schritt ich beruhigt weiter und ließ mich auch nicht mehr durch die auf der falschen Seite rasenden Radfahrer ablenken. Nein, ich stellte im Geiste die *Camera oscura* Canalettos auf, der Dresden nie aus diesen Positionen gesehen hat.

Ob die vom Welterbe-Komitee wegen neuer Perspektiven schon da waren, ist mir nicht bekannt.

Ich verbürge mich für die tatsächliche Existenz der Westen-Aufschrift!

Herbstkühle

Martha und ich gingen um das Haus und kontrollierten die Arbeit der Landschaftsgärtner, die das letzte Laub bliesen, saugten und bargen. In der Wohnung störte uns der Lärm, draußen störten Lärm, Staub und Zweitaktabgase der Laubsauger. - Das sind übrigens die einzigen Geräte gewerblicher Nutzer, die nach der Umweltverordnung zwischen 13:00 und 15:00 Uhr **nicht** verwendet werden dürfen. (Fragt beim Umweltamt nach! Müsste bundesweit so geregelt sein.)

Das Argusauge Marthas entdeckte etwas Unglaubliches: Unser Rollladen der Balkontür, den wir wegen der schräg stehenden Sonne herab gelassen hatten, war dreckig. »Dieses schöne Hellgrau der unteren Partie ist weiter oben von zehn Jahre altem Staub bedeckt. Das müssen wir sauber machen. Aber was ist mit den anderen Rollläden. Da kommen wir doch gar nicht ran«, sagte sie erregt. Ich schlug vor, dass wir uns dazu einen sogenannten Hubsteiger ausleihen müssten. Der koste am Tag keine fünfhundert Euro. Ein Blick Marthas genügte.

Wir planten nun die Säuberungsaktion der Rollläden am Balkon, vor Tür und Fenster.

Der Tag war da. Er war trocken, aber doch recht kühl. Ich trug den Klapptritt hinaus, die zwei Eimer, einen mit lauwarmen Wasser und Spülmittel, einen mit klarem Wasser, verschiedene Lappen zum waschen, nachspülen und trocknen.

Weil ich bei ungewohnter Arbeit leicht transpiriere, zog ich nur die dünne Baumwoll-Jacke des alten Hausanzuges über. Die Balkontür zog ich von außen zu.

Bereit zur Arbeit, gab ich meiner Frau das Zeichen zum Herunterlassen der Rollläden. Ich begann das Einwaschen der Rollläden von unten nach oben. So nennen und tun es die professionellen Fensterputzer. Der Staub haftete fest und ich befürchtete schon, dass mein Waschwasser mit Dreck gesättigt würde, ich es wechseln müsste. Aber es ging noch ganz gut. Weil es, wie gesagt, sehr kühl war, trockneten die Lamellen schlecht. Aber ich meisterte die Sache und gab letztlich das Klopfsignal zum Hochziehen der Rollläden.

Ich gab es wiederholt und allmählich stärker.

Wie ich jetzt weiß, hatte unsere Nachbarin geklingelt, um Martha zu sich zu bitten. Sie erzählte unter Tränen, dass man ihr im *Elbepark* die Handtasche mit Geld und Papieren, sowie mit den Schlüsseln geraubt habe. Nun war erst zu klären, wie sie denn da in ihre Wohnung gekommen sei. Na, sie musste mit dem Taxi zur Schwiegertochter, den Hilfsschlüssel holen. Und das Taxi musste die Schwiegertochter auch bezahlen. Dann schilderte sie alle Umstände in der Ladengalerie, was der und jener gesagt, wie die Leute verständnislos aber auch mitleidig reagiert hätten. Man müsste eben besser aufpassen. Die Tasche in den Einkaufswagen zu legen, wäre fahrlässig und da wären ja welche, die das Klauen direkt lernen und sogar regelmäßig üben, solche Tricks und so. Martha erging sich in Mitleid. Ob wir ihr denn für alle Fälle etwas vorschießen dürften? Nein, sie müsse jetzt wegen der Papiere einen Haufen Wege besorgen. Sie traue sich es eigentlich gar nicht, aber ob nicht der Herr Mützenhausen sie mal mit dem Auto hinfahren täte. Na klar, das macht der, rief Martha und schlug vor, einen genauen

Ablaufplan aufzuschreiben, nämlich das folgerichtige Aufsuchen von Polizei, Bank, Bürgerbüro oder andersrum. »Ja, hier auf dem Blatt schreiben se mal, ich kann nicht, mir zittern die Hände«.

Erst als meine Martha meinte, Klarheit in die Sache gebracht zu haben, die arme Frau sich etwas beruhigt hatte, sagte die alte Dame: »Wer pocht denn da dauernd, hörn Sie das auch«?

Da erinnerte sich Martha meiner.

Der Rollladen ratterte hoch, ich verkniff mir das Schimpfen, weil ich meine Kraft mit dem vergeblichen Poltern am Rollladen erschöpft hatte.

Martha wollte mir erklären, warum sie mich vergessen habe, aber diesmal gelang mir ein einziger Blick, wie ihn vielleicht Klaus Kinsky gerne gekonnt hätte, und es war Ruhe. Ruckzuck bekam ich ein heißes Fußbad und eine heftige Rückenmassage mit Einreibung von *ALPA Frankovka,* einem tschechischen Alkohol, dem Franzbranntwein verwandt. Wir kauften die Dreiviertel-Liter-Flasche voriges Jahr in Franzensbad.1) Sie kramte ein langärmeliges aufgerautes Unterhemd und eine Unterhose gleicher Art hervor und ich erwärmte mich langsam darin. Auch Wintersocken legte sie bereit. Schnaps verweigerte ich. Damit hätte ich doch nicht mehr fahren können, was sie offenbar vergessen hatte. Die Nachbarin klingelte und stand mit Mantel und Hut vor der Tür. Nach kurzer Befragung der Frau meinerseits startete ich mit ihr zu den Behörden und schwitzte schon in der Garage, bevor ich das Auto bestieg.

1) Ein Namenszusammenhang konnte nicht ermittelt werden.

Am Rande

Zum Weinfest in Alt-Kötschenbroda waren wir schon dreimal gewesen. Dieses Jahr war es uns auf der Meile zu eng. War wohl das letzte Mal für uns alte Leute.

Das Zehntel-Becherchen sächsischen Weines konnte mir nicht viel anhaben, ich meine wegen der Heimfahrt mit dem Auto. Nach der Thüringer Bratwurst aß ich ein Stück Eierschecke und holte für Martha und mich zwei Pfand-Tassen Kaffee. Der Standbetreuer sagte:

»Das Ägwibmend nähmse sich dord weg«.

Ich hakte sofort nach: »Habe ich Sie richtig verstanden, ich soll mir eine Ausrüstung nehmen, welche und wozu«?

»Ägwibmend heest Zubehör, dort is Sahne, Zugger, Sießschdoff un Rihrleffel, kabiert?«

Nachdrängende Kundschaft verhinderte, dass ich dem Manne seinen sprachlichen und inhaltlichen Schnitzer richtig ankreiden konnte. »Wenn schon Denglisch, dann wenigstens richtig«, hätte ich gerufen. Ich hätte ihm das richtige englische Wort für Zubehör, *accessories,* so gerne beigebracht. Mit sächsisch eingefärbtem »ägzesories« hätte er sich nämlich noch lächerlicher gemacht.

Das wäre genau meine Absicht gewesen.

Einkaufen

»Nu rammeln Se doch keene unrunden Sachen in den Schlitz«, blaffte der Mann die Frau an. Es dauerte ihm zu lange, ehe er an die geparkten und verharkten Einkaufswagen des Supermarktes heran kam. Ich sah ihn missbilligend an und reichte der Frau eine Ein-Euro-Münze. »Ja aber…« - »Nehmen Sie, ehe weitere Verzögerungen uns alle behindern, schenk ich Ihnen.« Die Frau schob davon, der Hektiker war beschämt und darum noch aggressiver. (Ich notierte mir sofort im Markt den authentischen Eingangs-Satz.)

Noch vor dem Mann stand ich am Leergutautomaten. Meine Wasserflaschen lege ich schon zu Hause in der gelben Klapp-Box von OBI so zurecht, dass alle Schraubverschlüsse auf der gleichen Seite liegen. Ich fasse dann jede Flasche so, dass der Strichcode oben liegt, wenn sie auf den beiden Gummibändern ins Innere fährt. So erreiche ich, dass der Prozess der maschinellen Annahme reibungslos verläuft und das Geräusch der Quetschung des PET-Hohlkörpers taktmäßig zu hören ist. Ich merkte, dem Manne dauerte die Zeitspanne zwischen dem Drücken des grünen Knopfes (Button) durch mich und dem Ausdruck des Leergut-Bons zu lange. Fast hätte er mich auch deswegen verbal belästigt. Ich entnahm den Zettel und machte linksschwenkt kehrt, weil er von rechts drängte. Ehe ich zu Martha ging, um Aufträge zum Herbeiholen unserer genau notierten Artikel entgegen zu nehmen, verharrte ich beobachtend am benachbarten Eierstand. Ich wollte wissen, wie der Mann bei der Flaschen-Rückgabe verfuhr. Chaos! Er langte in die große ausgeleierte Einkaufstasche und holte mal Plaste, mal Glas, mal eine hier nicht gehandelte Flasche hervor und erzeugte mit seiner schlampigen Arbeit Verzögerungen. Über der Eingabe-Öffnung des Automaten leuchtete zu oft der rote Streifen. Inzwischen standen hinter dem Manne fünf andere Kunden, die durch tiefes Luftholen und Gemurmel Unmut bekundeten. Rote Flecken im Gesicht und fahrige Bewegungen des Mannes zeigten höchste Erregung an.

Befriedigt suchte ich nun nach Martha. Sie stand vor dem Käseregal und trug mir sofort auf, was ich zu holen hätte. Bei den Teigwaren begegnete ich wieder dem Manne. Er hatte gerade einen Beutel Buitoni-Kanneloni fallen lassen, der geplatzt war. Nun schob er die herumliegenden Nudeln mit dem Fuß unter das Regal. Zurück an unserem Wagen packte ich die etwas regellos von Martha einsortierten Produkte so um, dass die kubischen Verpackungen alle zusammen standen. So müssen sie an der Kasse als erste auf das Band gelangen, damit ich sie nach dem Scannen durch die Kassiererin schnell und platzsparend in unseren Transportkasten bauen kann.

Wir hatten unseren Einkauf auf dem Band ordentlich angeordnet, da kam auch schon der Hektiker. Er schob unsere Sachen einfach zusammen, damit er seinerseits das Band belegen konnte. Ich sah nach hinten in die Schlange. Da standen zwei Studenten mit je zwei Artikeln in der Hand. Die winkte ich menschenfreundlich nach vorn, damit sie schnell noch vor uns zur Kasse gelangten. Sie bedankten sich erfreut. Der Mann knurrte.

Ich fühlte mich aber nicht angesprochen.

Ich hatte angenommen, Martha habe sich ausreichend mit Bargeld versorgt. Aber sie schaute erschreckt in ihr Portemonnaie, weil zu wenig drin war. Ich griff an meine rechte Gesäßtasche, um die Euro-Card heraus zu nehmen, aber da war nur die Kreditkarte, welche von dem Markt nicht akzeptiert wird. Mir fiel ein, dass ich die Card kurz vorher zum Bezahlen an der Tanke benutzt hatte und musste nun wohl oder übel zum Auto rennen. Ich fand das Stück in der Ablage. Inzwischen stürzten Vorwürfe und Meckereien auf Martha hernieder und ich wurde mit Blicken empfangen. Ihr Ausdruck reichte von Spott über Abschätzung bis Wut. Die letzteren versendete hauptsächlich der Mann. Mit einem Kompliment für ihre nette und kompetente Berufsausübung verabschiedete ich mich von der Kassiererin; Martha sagte ihr auch etwas Freundliches. Selbst die dadurch eintretende sehr kurze Verzögerung monierte der Mann mit einem aus der Tiefe kommenden: »Jaaaja«.

Ich schob unseren beladenen Wagen zum Auto. Ja, wer kam denn da? Richtig, der Mann. Sein Auto stand neben dem unseren. Seine Bewegungen, seine Schritte hastig, sein Blick verächtlich ins Leere gerichtet. Er überquerte gerade das Schnittgerinne und fischelte dabei den Schlüsselbund aus der Hosentasche. Da entglitt ihm der. Und ehe er in dunklem Schmutz verschwand, durch die Rippen des Gully-Deckels hindurch, ließ er ein kurzes helles »Kling« hören.

Martha sah mich forschend an und fand in meinem Gesicht ein sehr feines sanftes Lächeln.

Nein, wir weideten uns nicht an dem Pech des Mannes, aber wir dachten, es müsse ihm eine Lehre sein. Toleranter Umgang mit seinen Mitmenschen, Besinnung auf Ruhe und Gelassenheit sollten ihm daraus erwachsen.

Zuhause erhielt ich trotzdem noch einen Rüffel von Martha, weil ich aus meiner Hosentasche den Gemüsebeutel mit 9 verbrauchten AA-Batterien holte, die ich doch im Markte hatte entsorgen sollen.

Test

»**M**orgen 14:00 Treff zwischen Adlon und Brandenburger Tor. Bitte Gregor mitbringen. Ich werde dir Mustafa vorstellen«, mailte ich an einen alten Kumpel in Berlin-Hellersdorf. Ich kannte den schon, als er noch das West-Wassergrundstück am Müggelsee hatte. Ich wusste, er würde über die Nachricht lächeln. Genauso wars! Er rief mich drei Stunden später an und fragte mich, ob bei mir vor dem Haus auch ein Sprinter mit bunten Bildern stünde. »Nein, bei mir ist es ein VW-Transporter mit Klempner-Reklame«, gab ich der Wahrheit gemäß zurück. Da sagte der Berliner laut: »Heh, Jungs, Ihr könnt alle abhauen. Der alte Sack aus Sachsen wollte nur mal die wachsame Demokratie testen und mir hätte es morgen gar nicht gepasst. Mit Gregor muss ich nämlich zum Doktor wegen der Hüftgelenke. Naja, er wird nun bald zehn Jahre alt«. Man hörte den kalbsgroßen Gregor im Hintergrund winseln. Ich sagte, Mustafa, mein Grau-Papagei, riefe ständig den von der Kanzlerin im TV gesagten Satz: »Das geht gar nicht«.
Mein Spezie sagte: »Jetzt fahrn se weg«.
Ich: »Hier auch«. Dann sprachen wir noch über Freundschaft, Vertrauen und Berlins lauschigen *Pariser Platz.*

Nach dieser sanften Bezugnahme auf die abgehorchte Gattung Mensch mit der Kanzlerin an der Spitze, komme ich zum Schluss und meinem Alter angemessen erscheint hier meine

Ultima Ratio.

Mein Ringen um Klarheit ist dem geschätzten Leser im Verlaufe bewusst geworden. Ich verhehle jedoch nicht, dass mir manchmal die Kraft zur letzten Konsequenz mangelt. Das will ich verdeutlichen.

Ich hatte Kant vom Bord geholt und wollte ergründen, ob aus seiner *Kritik der praktischen Vernunft* etwas über eine *parlamentarische* Vernunft ableitbar sei, damit man eventuell eine solche definieren könnte. Wir dürfen es da nicht beim Wunschdenken belassen und auf die Selbsterkenntnis mancher Politiker warten.

Ganz und gar vertieft saß ich im Sessel. Da sagte Martha, die auch las, in die Stille: »Bei Netto gibt es diese Woche Kalbskamm mit Knochen für vier-neunundvierzig das Kilo. Da koche ich uns ein *Ragout fin*. Wir haben auch noch von dem guten Riesling«.

Nun war ich raus. Höflich sagte ich: »Oh, das ist fein. Wenn sie auch Kalbszunge haben«.

Mühsam versuchte ich, meine politischen Gedanken wieder zu ordnen. Eingedenk eines Riesenflops aus der vergangenen Legislatur-Periode kam ich zu dem Resultat: »Wenn schon zwei Ministerinnen ein und derselben Regierung, vor der versammelten Dax-Vorstandschaft nebeneinander sitzend, zwei gegensätzliche Meinungen über die Steigerung der Frauenanteile in Führungsetagen vertreten, wie sollen da die gegnerischen Parteien im Parlament zu einer Entscheidung über zum Beispiel bankenregulierende Maßnahmen kommen«?

»Die Märkte« lachen sich über das Hin und Her, das Wenn und Aber bucklig, befeuern die Zwiste durch ihre Lobbyisten und journalistischen Kostgänger. Unreguliert, wie sie nun mal sind, regeln sie alles in ihrem Sinne mit Hilfe *ihrer* Rating-Agenturen. »Eene meene Maus – und du bist raus«, rufen sie dann freudig erregt, die Märkte. Widerwärtig!

Mir wurde klar: Martha hat Recht; etwas Feines essen, etwas Gutes trinken, Schönes hören und sehen hilft uns über die letzten Jahre besser hinweg, als mühevoll über die Endzeit-Erscheinungen des Kapitalismus zu philosophieren. Nun kommt mir allerdings die Große Koalition in die Quere. Sollten Die alles richtig machen, stünde ich dumm da mit meiner Skepsis.

Eines zeichnet sich ab: Nämlich dass zwei Minister Tiefbundhosen tragen werden. Dankenswerterweise verdecken sie ihre Problemzonen mit den Jacketts.

Wie es auch kommt, vorsichtshalber müssen die jungen Leute weiter attackieren und da okkupieren, wo es am meisten auffällt. Ich selber mache nicht mehr mit. Auf dem Pflaster ist es für mich nachts zu kalt; und ich will meine Ruhe!

Gleichzeitig schwöre ich der Beobachtung des Hässlichen ab. Die Leute können rumlaufen, wie sie wollen, ich werde es nicht mehr bemerken. Sie können auch quatschen wie's beliebt. Nur am Handy und beim Mailen sollten sie im eigenen Interesse aufpassen!

Zu allerletzt noch dieses: Edward Snowden sei Dank! Ein Platz in den Analen der Menschheit ist ihm sicher.

.